LE DROIT DES HÉRITIERS

DE L'ASSURÉ

EN MATIÈRE

D'ASSURANCE SUR LA VIE

(Rapport-Réduction)

PAR

Jean RÉVEILLAUD

DOCTEUR EN DROIT
LICENCIÉ ÈS LETTRES
LAURÉAT DE LA FACULTÉ DE DROIT DE PARIS
AVOCAT A LA COUR D'APPEL

PARIS
LIBRAIRIE NOUVELLE DE DROIT ET DE JURISPRUDENCE
ARTHUR ROUSSEAU, ÉDITEUR
14, RUE SOUFFLOT ET RUE TOULLIER, 13

1903

LE DROIT DES HÉRITIERS

DE L'ASSURÉ

EN MATIÈRE

D'ASSURANCE SUR LA VIE

(Rapport-Réduction)

LE DROIT DES HÉRITIERS
DE L'ASSURÉ
EN MATIÈRE
D'ASSURANCE SUR LA VIE

(Rapport-Réduction)

PAR

Jean RÉVEILLAUD

DOCTEUR EN DROIT
LICENCIÉ ÈS LETTRES
LAURÉAT DE LA FACULTÉ DE DROIT DE PARIS
AVOCAT A LA COUR D'APPEL

PARIS
LIBRAIRIE NOUVELLE DE DROIT ET DE JURISPRUDENCE
ARTHUR ROUSSEAU, ÉDITEUR
14, RUE SOUFFLOT ET RUE TOULLIER, 13

1903

LE DROIT DES HÉRITIERS

DE L'ASSURÉ

EN MATIÈRE

D'ASSURANCE SUR LA VIE

(Rapport-Réduction)

INTRODUCTION

Nous avons été guidé, au cours de cette étude, par une double préoccupation.

Frappé d'abord du rôle social considérable que peut, et que doit, jouer l'assurance en cas de décès, il nous a paru nécessaire d'élargir le plus possible les droits du contractant, de façon à rendre à peu près inattaquable la manifestation de sa volonté libérale, toutes les fois qu'elle n'est point entachée de fraude.

Mais nous n'avons point pensé qu'il fût possible, pour arriver à ce but, de rompre avec les règles essentielles de notre Code civil. Bien loin de poser en principe que la loi faite, il y a près d'un siècle, n'ayant pu prévoir le contrat d'assurance sur la vie, doit être considérée comme lettre morte en cette matière, et d'admettre en conséquence qu'il n'y a d'autre règle à observer que celle fournie par le bon plaisir des praticiens, nous estimons que la loi, tant qu'elle n'est pas modifiée par une loi nouvelle, doit être appliquée dans sa rigueur absolue.

C'est une œuvre juridique que nous avons essayé de faire.

A notre avis, le point faible de l'édifice élevé, pierre par pierre, depuis quatre-vingts ans, par les actuaires, vient de ce que, pénétrés avant tout des besoins de la vie moderne, ils ont cru pouvoir négliger d'examiner le fondement légal sur lequel reposaient les différentes combinaisons que leur ingéniosité préconisait. Ils laissaient à la doctrine le soin de régler après coup ce qu'ils pensaient être une question tout à fait subsidiaire.

Les juristes sont, en effet, venus.

Mais leur surprise, dès l'abord, a été extrême, et s'est traduite en sommations énergiques, adressées aux praticiens, d'avoir à renoncer à leur superbes espérances. Armés de textes victorieux, ils ont proclamé :

L'assurance sur la vie prétend constituer un instrument aux mains du père de famille qui lui permet de garantir tel ou tel de ses proches contre les accidents du sort. Il n'en peut être ainsi toutes les fois que cette donation porte atteinte à la réserve des héritiers; car le droit de ceux-ci, posé dans l'art. 920, est inéluctable. Le capital que l'on avait cru mettre de côté, pour empêcher une infortune, sera soumis à la réduction.

Un autre principe interviendra encore plus souvent pour faire restituer à la masse de la succession le bénéfice de l'assurance stipulée par le *de cujus* ; il est contenu dans l'art. 843 et ordonne qu'aucun héritier ne soit avantagé au détriment de ses cohéritiers. L'égalité de tous est nécessairement assurée au moyen du rapport de tous les avantages directs ou indirects donnés ou légués (1).

Les praticiens ont haussé les épaules, et ont continué d'annoncer aux citoyens français qu'ils pouvaient garantir, par le moyen de l'assurance, une meilleure justice distributive à leurs héritiers et, en tout cas, la mise de tous à l'abri du besoin. Ils avaient un profond respect pour la loi, mais le bon sens indiquait que les juristes l'interprètaient mal. Qui ne sait du reste que la loi est faite pour être tournée ?

Les juristes ont laissé dire, puis, sous la forme de magistrats, ils ont brisé les contrats qui étaient soumis à leur appréciation, obligeant les bénéficiaires à rapporter à la masse de la succession les capitaux dont ils se croyaient définitivement maîtres.

Ce désaccord absolu ne pouvait manquer d'amener, à bref délai, l'anéantissement de l'assurance.

Or, cette solution était inadmissible. Chacun sent plus ou moins aujourd'hui que nous nous trouvons en face

(1) Cf. cependant l'art. 919 C. civ.

d'une des créations les plus précieuses du XIXe siècle. Toute entrave apportée à son fonctionnement régulier est en même temps une atteinte à l'œuvre de solidarité rêvée par tous les bons esprits.

Il fallait donc, de toute nécessité, au conflit une solution, quelle qu'elle fût !

Après de nombreuses hésitations, la Cour de Cassation, dans un arrêt désormais célèbre, en 1896 (1), est arrivée à cette conclusion que les héritiers ne peuvent exercer aucune réclamation sur *le capital* assuré ; que la question de la réduction ou du rapport ne peut se faire qu'en ce qui concerne *les primes*. Les art. 843 et 920 du Code ne s'appliqueraient de plus à ces dernières qu'avec certains tempéraments.

C'était le terrain de conciliation souhaité par tous les amis de la prévoyance. « Le capital, définitivement acquis au bénéficiaire », devenait la formule que les assureurs eussent volontiers inscrite en lettres d'or en tête de leurs contrats.

Mais voilà que déjà les critiques font renaître le conflit. Certains juristes persistent dans leur position première et déclarent que la solution de la Cour est bâtarde, parce qu'elle est en désaccord avec les principes séculaires de notre droit. La Cour suprême, contrairement à son habitude et à sa mission, se serait laissé influencer par des considérations pratiques. L'arrêt de 1896 serait

(1) Cass. 29 juin 1896 ; Sir. 1896. 1.361 ; D. 1897. 1.73.

« la première brèche portée à notre principe de la réserve héréditaire, jusqu'ici absolu et hors d'atteinte, sinon en fait, du moins en droit » (1).

Tout doit-il être remis en question ? Voilà ce que nous nous sommes proposé de rechercher dans cette étude, en remontant aux principes mêmes qui ont fait instituer la réserve et le rapport ; bien résolu, si nos recherches impartiales nous amenaient à constater que la Cour de Cassation avait réellement méconnu l'esprit de nos Codes, à demander qu'elle revînt à l'application stricte de la loi, en attendant qu'une législation nouvelle, que nous eussions proclamée nécessaire, rendît la vie au contrat d'assurance sur la vie.

Au cours de notre travail, un fait nous a paru frappant : dans tous les cas où il s'agit non de donation directe, mais d'avantage indirect, — chaque fois que la chose reçue n'est pas identique à la chose donnée par suite d'une combinaison dont le type ordinaire est celui de la stipulation pour autrui, — le législateur ne s'est pas préoccupé de l'*enrichissement* que la libéralité allait procurer au donataire, il a voulu considérer uniquement, dans le patrimoine du donateur, le montant de l'*appauvrissement* que celui-ci s'imposait.

Ne possédions-nous pas la règle même qu'il fallait suivre en matière d'assurance sur la vie ? Et la solution de la Cour de Cassation ne se trouvait-elle pas ainsi

(1) Boucher. *Thèse* p. 133 ; Cf. Champcommunal, note aux *Pand. fr.* 1899, 2, 130.

conforme à l'esprit du Code, qui décide qu'on laisse au bénéficiaire le capital, sans qu'il y ait à évaluer autre chose que l'appauvrissement du stipulant qui a promis et versé les primes annuelles ?

Nous l'avons du moins pensé. Et c'est pourquoi nous avons abouti à cette conclusion que l'arrêt de 1896 peut constituer la base inébranlable, vainement cherchée depuis de si longues années. Désormais, nous l'espérons, l'assurance en cas de décès va prendre dans notre pays l'extension que les hésitations de la jurisprudence lui avaient interdite, et cette institution excellente rendra à nos concitoyens les services que la loi plus précise de tous les peuples qui nous entourent lui a depuis longtemps demandés (1).

(1) Cf. sur ce point la législation internationale résumée par M. Boucher dans le chapitre VII de sa *Thèse* (p. 125).

CHAPITRE PREMIER

EXAMEN ET CRITIQUE DE LA THÉORIE QUI, SANS DISTINGUER ENTRE LES CAS, FAIT DE L'ASSURANCE SUR LA VIE UN CONTRAT A TITRE ONÉREUX.

Chaque fois qu'il existe, dans un ordre d'idées quelconque, une question délicate à résoudre, parmi les nombreuses solutions proposées, il s'en trouve invariablement une qui tranche la difficulté en déclarant qu'elle n'existe pas. Ayant à examiner sur quelle somme doivent porter le rapport et la réserve au profit des héritiers, quand une assurance sur la vie a été contractée, certains auteurs soutiennent qu'il ne faut pas appliquer à ce contrat les règles des actes à titre gratuit. C'est en effet le moyen le plus sûr d'éteindre les controverses !

Un créancier quelconque du défunt, — que son titre résulte d'un prêt, d'un dépôt, ou d'un louage, — n'a rien à craindre des héritiers de celui-ci, qui sont tenus, avant de songer à s'enrichir, d'acquitter les dettes de la succession.

S'il est admis que le contrat d'assurance sur la vie crée des obligations similaires, le bénéficiaire d'une police devra toucher la somme intégrale qui a été stipulée pour lui ; et les héritiers du défunt, loin de pouvoir élever une prétention quelconque sur le capital assuré, seront bien plutôt exposés, dans le cas, très rare, il est vrai, où l'assureur viendrait à manquer à son engagement, à un recours du bénéficiaire en paiement de la totalité du capital promis.

Le tout est donc d'admettre que l'homme qui assure à son semblable un capital payable à son propre décès n'agit en aucun cas dans une intention libérale. M. Ferrié (1) n'éprouve aucune hésitation à cet égard : « L'assurance sur la vie, écrit-il, ne peut jamais contenir une libéralité au profit du tiers désigné comme bénéficiaire de la stipulation, car il est certain que toute assurance a toujours pour cause l'obligation, soit civile, soit naturelle, de réparer un préjudice matériel, moral, ou d'affection ; et par conséquent la stipulation pour autrui ne contient pas une libéralité au profit du tiers bénéficiaire. Celui-ci ne saurait par conséquent être contraint de rapporter une valeur qui lui est attribuée à titre d'indemnité, comme compensation d'un préjudice, soit moral, soit pécuniaire, ou comme dédommagement de la rupture d'une obligation naturelle que l'assuré aurait dû accomplir ; non seulement l'indemnité n'est pas une valeur dépendant du patrimoine de l'assuré, mais encore elle est stipulée pour l'accomplissement d'une obligation à sa charge, elle ne peut être considérée comme faisant l'objet d'une libéralité ».

(1) Ferrié. *Thèse*, Paris 1897, p. 176.

Quelle est, en effet, nous dit-on, l'intention de celui qui contracte avec une compagnie d'assurances? Craignant une mort prématurée, qui laisse dans le besoin ceux dont il a seul charge : femme, enfants, parents âgés, il se fait garantir, moyennant un prix fixé d'avance, à forfait, que dans le cas où il viendrait à manquer à ceux qui comptent sur lui pour vivre, il leur sera versé une somme convenue.

Il suffit d'avoir quelque peu la pratique des assurances pour se convaincre qu'en fait cette volonté d'indemniser se rencontre seule dans les contrats passés. La libéralité pure, celle qui ne dérive d'aucune obligation, n'est jamais ainsi réalisée. Quand on veut simplement « donner », il est beaucoup plus avantageux de tenter soi-même la capitalisation des sommes qui, réunies, constitueront la donation au bout d'un certain nombre d'années. Mais cela même ne se produit pas : on ne voit pas de capitalisation faite en vue d'une libéralité. Ce serait trop long, trop compliqué. La donation est l'acte spontané d'une personne généreuse qui détache de son patrimoine une part de son superflu.

Pour s'engager à l'avance à retenir pendant de longues années, et jusqu'à sa mort, sur un revenu, une somme relativement importante, il faut se sentir véritablement lié, par une obligation qui n'est, si l'on veut, qu'une obligation naturelle, mais qui, juridiquement autant que moralement, doit être respectée. Car, en droit, s'agissant d'un contrat surtout qui n'a pas été prévu par le législateur au moment de la confection de nos Codes, c'est à l'intention des parties qu'il faut uniquement se référer. Nous serions donc tenu de conclure : pas d'intention libérale, pas de réduction, pas de rapport.

A vrai dire, ainsi qu'elle est formulée par un certain nombre d'auteurs, cette affirmation paraît moins être une déduction rigoureuse, qu'un « moyen » précieux par les conséquences qu'on en tire. « Si nous parlons du contrat d'indemnité, — écrivait, en 1895, M. Badon-Pascal (1), — c'est parce que ceux qui connaissent la question, c'est-à-dire les juristes, ont une disposition à assimiler tout contrat nouveau à un contrat déjà décrit dans les Codes, et qu'il est plus facile, pour eux, de changer une désignation. Avec la donation, la clause bénéficiaire est violée ; avec le contrat d'indemnité, elle est respectée : c'est ce que les assureurs et les assurés doivent demander. » Mais le distingué spécialiste de l'assurance ne cachait pas qu'à son avis il n'y avait là qu'une assimilation un peu hasardée, une extension du droit prétorien ; aussi concluait-il : « Le contrat d'assurance en cas de décès peut être considéré comme un contrat d'indemnité, mais il est plus exact de dire qu'il doit être régi d'après sa nature spéciale, et que la clause bénéficiaire doit être respectée, conformément à l'intention du souscripteur de la police. »

M. Lefort semble faire un raisonnement analogue (2), mais un peu plus elliptique, quand il conseille aux parties, lorqu'elles contractent une assurance, « afin de parer à toute difficulté », de déclarer leur volonté « de procurer

(1) *Journal des Assurances*, 1895, § 5, p. 533 sqq.
(2) Lefort. *Traité du contrat d'assurance sur la vie*, I, p. 184.

au bénéficiaire une indemnité. » Ainsi nous ne nous trouvons plus en présence d'une thèse juridique, mais d'un expédient permettant de tourner la loi. Et cette simple constatation serait une réfutation suffisante.

Mais nous ne pouvons passer ainsi condamnation : bien avant, en effet, les auteurs que nous venons de citer, alors que ne se posaient pas encore dans la pratique les questions qui nous préoccupent, les théoriciens admettaient unanimement que le contrat d'assurance réglait une indemnité. « Au premier abord, on n'aperçoit pas un préjudice d'argent aussi clairement que s'il s'agit d'une récolte saccagée, d'une maison en flammes, d'un navire englouti, et les esprits inattentifs demandent en quoi il consiste.... L'objet propre de l'assurance sur la vie n'est autre que d'indemniser ceux qui survivent du préjudice d'argent qu'une mort prématurée leur fait éprouver. » (1) Voilà ce qu'écrivait M. de Courcy en 1870. Et tous les auteurs de traités spéciaux ou généraux donnent la même définition. M. Couteau, bien qu'il examine la question dans son Traité, et qu'il combatte l'opinion contraire qu'il trouve dans Blondel (2), affirme que « la discussion sur ce point paraît superflue » (3). Il y a donc autre chose qu'une thèse échafaudée à la hâte. Un examen sérieux s'impose.

(1) De Courcy. *Précis de l'assurance sur la vie, Introduction*, p. 9.
(2) Blondel. *Des assurances sur la vie*, p. 19.
(3) Couteau. *Assurances sur la vie*. I, n° 198. Voir également : Troplong. *Contrat aléatoire*, n° 167 ; Pont. *Petits contrats*, I, n° 587 ; Persil. *Traité des ass. terr.*, p. 2, n° 3, sqq. et 267 ; Alauzet. *Traité*

Le grand argument en définitive est un argument d'analogie, appuyé sur un postulat. On pose en principe que tous les autres modes d'assurance, contre les risques d'incendie, de naufrage, de guerre, et d'accidents, etc. — sont des contrats d'indemnité. Ne réparent-elles pas, en effet, les dommages multiples que peut causer le sort ? Et réparer un dommage, qu'est-ce, sinon fournir une indemnité équivalente au préjudice éprouvé ? Ce point de départ établi, on ne voit pas pourquoi l'assurance sur la vie, qui serait appelée bien plus justement l'assurance contre le décès, — dans celle de ses formes du moins qui nous préoccupe exclusivement, — n'offrirait pas le même caractère. Voudrait-on soutenir qu'il y a une différence essentielle provenant de ce que la mort n'est point un sinistre imprévu, semant des ruines au hasard ? que chacun étant assuré de mourir, il ne peut être question de préjudice ou de réparation ? Cela ne serait pas sérieux. Ce n'est pas contre la mort, fait inévitable, que l'on se prémunit, mais contre les conséquences d'un décès prématuré. Le propriétaire d'un navire sait fort bien qu'au bout d'une certaine période, son navire, vieux et hors d'usage, devra être mis en pièces : cela ne l'empêche pas de sentir fort douloureusement la perte provenant d'un naufrage,

gén., *des assur.* II, n° 545 et 551 ; Quenault. *Traité, des assur. terr.* n° 5 sqq. et page 402; Patinot, *Rev. prat.* XXVI, p. 547 sqq ; de Montluc. *Assur. sur la vie*, p. 102 sqq ; Blin. *Traité de l'assur. sur la vie*, p. 6 ; Ruben de Couder. *Dict de. dr. commerc. indust. et marit.*, V° *Assur. sur la vie*, *n.* 15, sqq ; Grun et Joliat, *Traité des assur.* n° 377 ; Pougct, *Dict. des assur. terr.*, II, V° *Vie* n°. 37, p. 1027.

et, prévoyant un préjudice à la suite d'une catastrophe de ce genre, de contracter une assurance pour son bâtiment.

Une mort inopinée, même au regard des seuls intérêts pécuniaires, est pour le moins aussi désastreuse qu'un naufrage, ou qu'un incendie. Il n'y a donc aucune raison de refuser le nom d' « indemnité » au capital stipulé des compagnies d'assurances sur la vie.

Tel est, avons nous dit, le raisonnement classique, et nous en trouvons les deux termes formulés de façon à peu près identique par tous les auteurs de traités spéciaux ou généraux qui ont été amenés à s'expliquer sur ce point. « Le propre de toute assurance, écrit M. Lefort (1), est d'être un contrat d'indemnité; la définition classique est celle-ci : un contrat par lequel l'une des parties se charge du risque des cas fortuits auxquels la chose est exposée et s'oblige envers l'autre à *l'indemniser* de la perte que lui causeraient ces cas fortuits, s'ils arrivaient.

« C'est ainsi que l'assurance maritime tend à donner un dédommagement pour la perte d'un navire ou d'un chargement. C'est ainsi que l'assurance contre l'incendie procure aux victimes le moyen de ne pas éprouver trop durement les conséquences de la destruction par le feu. Si elle n'a pas la prétention de réparer la perte irréparable de la vie d'une personne chère, si elle ne tarifie pas ce qui n'a pas de prix, l'assurance sur la vie pèse les intérêts pécu-

(1) Lefort. *Traité*, I, p. 180, 181.

naires blessés; elle leur porte un soulagement et guérit leurs souffrances; elle répare le préjudice que causera la disparition de celui qui, par son activité, son travail, subvenait aux nécessités d'une famille. »

Des arguments d'ordre divers ont été apportés pour combattre cette théorie. La plupart des auteurs, abandonnant le seul terrain où nous estimons pouvoir porter utilement le débat, acceptent sans discussion le postulat énoncé par M. Lefort touchant le caractère indemnitaire de toute assurance, et font tendre tout leur effort à différencier l'assurance sur la vie des autres assurances. Dans une opinion, la plus radicale, on conteste jusqu'aux dénominations mêmes: la seule qualification « d'assurance » serait une manœuvre des compagnies intéressées à propager le contrat qui nous occupe sous le couvert d'une équivoque. Aussi M. Max Getauer, pour remettre les choses au point, publiait-il un ouvrage entier sous ce titre significatif: *Die so genannte Lebensversicherung*. Et ce n'est point là un paradoxe isolé: de savants auteurs ont professé chez nous des opinions identiques. S'inspirant d'un système déjà soutenu par M. Alauzet (1), M. Reboul, dans le chapitre VIII de son traité intitulé: *L'assurance sur la vie est un placement véritable*, développe cette idée qu'elle est une opération qui repose sur l'épargne et la capitalisation et qui a pour but un placement de fonds, au moyen d'un contrat de prêt. A cette « doctrine hardie »

(1) Alauzet. *Traité général des assurances*, II, n° 533.

M. Léveillé paraissait également se rallier dans le substantiel rapport présenté par lui à la Faculté de droit de Paris, sur le concours de doctorat de 1869; il qualifiait seulement le placement d' « aléatoire », faisant ainsi de l'assurance sur la vie « une variété du prêt ». M. Labbé enfin adoptait cette manière de voir, et déclarait que « l'assurance sur la vie est un contrat de capitalisation mélangé d'un élément aléatoire » (1).

Mais ce point de vue est généralement abandonné aujourd'hui; un prêt, aussi aléatoire qu'on le veuille, suppose deux parties qui sont liées l'une envers l'autre; sans quoi l'engagement de l'une ne trouvant pas de contre-partie dans l'obligation de l'autre, tombe pour défaut de cause. Or, c'est une règle fondamentale en matière d'assurance sur la vie que le paiement des primes est facultatif, ce qui signifie d'une part que le stipulant peut interrompre ses versements annuels quand bon lui semble, et à sa guise, sans avoir à craindre un recours en dommages-intérêts de l'assureur, et, d'autre part, qu'il ne peut point agir en restitution des deniers versés, le jour où le

(1) Labbé. Note, S. 81. 2. 337, sous Amiens, 9 mai 1881. Cf. Labbé. Note sous Cass., 19 janvier 1880 (S. 80. 1. 441).

Un arrêt tout récent de la Cour de Douai s'inspire de cette théorie: « Attendu que si le contrat d'assurance sur la vie peut être considéré comme un contrat de capitalisation auquel s'adjoint un caractère aléatoire, C..., par suite de sa convention avec le *Nord*, avait précisément rejeté sur la Compagnie les risques de toutes natures inhérents à cette capitalisation, et avait obtenu d'elle en échange de primes calculées spécialement à raison de ces risques, le droit de disposer à son gré d'une créance certaine, d'une quotité déterminée, exigible à son décès, s'il se produisait avant l'expiration des vingt ans ». Douai, 16 janv. 1897 (*Pand. fr.*, 1899. 2. 129).

contrat tombe, comme il y serait fondé, si, ayant contracté en vue d'une capitalisation, l'emprunteur se trouvait tout à coup délié de son engagement. Ce double caractère est bien le propre du contrat d'assurance; il n'est pas besoin d'avoir recours à l'exposé du système de comptabilité des compagnies qui assurent, pour contraindre d'admettre que l'objet de notre contrat est pleinement réalisé, une fois l'année écoulée. A ce moment, il importe peu, juridiquement parlant, que le stipulant continue ou non à traiter avec l'assureur; des deux côtés des prestations équivalentes ont été fournies: la prime versée a été légitimement acquise par l'assureur qui, en échange, a fourni une contre-partie sur laquelle il n'y a plus à revenir, c'est la garantie contre les risques de décès durant l'année, c'est la sécurité donnée au stipulant en échange de son argent, c'est justement « l'assurance ».

Ce point paraissant définitivement fixé, une opinion moins radicale, avons-nous dit, mais beaucoup plus répandue, s'est fait jour, qui admet le nom, mais discute la chose : l'assurance sur la vie, bien qu'assurance, serait seule de son espèce ; elle n'aurait aucun des caractères distinctifs des autres assurances ; et l'on ferait saisir toute la différence en disant qu'elle seule, précisément, ne procure point une indemnité. « Un propriétaire, comme l'avait fait remarquer M. Léveillé, dans le rapport que nous avons cité, ne peut assurer des maisons contre l'incendie pour plus que leur valeur vénale. En cas de sinistre, il ne doit pas encaisser plus que ce sinistre ne lui a enlevé. Dans l'assurance sur la vie, rien de semblable. Un chef de famille peut assurer sur sa tête, si les compagnies y consentent, 200, 400, 600.000 francs. Il n'est plus gêné ici, il n'est plus contenu par une estimation quelconque de valeur, il écrit ce qu'il veut sur sa police. » Le même individu peut même, s'il lui en prend fantaisie, assurer sa vie à dix compagnies, sans qu'aucune puisse songer à élever un reproche.

Il n'y a donc, soutient-on, dans l'assurance sur la vie, aucune évaluation de préjudice, ainsi que cela existe dans toutes les autres assurances. La conséquence directe de cette remarque est qu'il ne peut s'établir cette correspondance entre le préjudice et la somme payée qui, seule, constitue l'indemnité. Si vous changez de logement, si vous faites l'acquisition de meubles, ou si vous vendez, au contraire, certains d'entre eux, vous modifiez, par un avenant de diminution ou d'augmentation, votre assurance contre l'incendie. La valeur de la vie humaine est bien plus variable que le contenu d'un appartement ; suivant une courbe ascendante dans la jeunesse, le montant du capital stipulé devrait décroître progressivement avec les années. Or, l'assureur paie la même somme, que l'assuré meure en pleine force ou à la dernière limite de la vie.

Bien plus, continuent les partisans de cette doctrine, il se peut que le préjudice n'existe pas du tout pour le bénéficiaire (1). Très souvent, l'assuré est riche ; ses capitaux travaillent pour lui, il reste oisif.

(1) G. Deslandres. *Thèse*, p. 48, sqq.

Quelle valeur a sa vie au point de vue économique? Si l'on s'en tient à une estimation pécuniaire, seule admissible quand il s'agit d'une indemnité, sa mort n'a d'autre effet, rendant ses capitaux disponibles, que d'enrichir ses héritiers. Si le bénéficiaire se trouve être l'un d'eux, nous arrivons à ce paradoxe qu'il subit un préjudice par enrichissement inopiné.

A cela, il est vrai, on a tenté de répondre (1) « en l'absence du contrat d'assurance, les ayants droit du stipulant couraient le risque de voir la mort surprendre leur auteur et arrêter net la capitalisation de la somme qu'annuellement il avait la sagesse de mettre en réserve à leur intention.» Touchante sollicitude! Mais combien hypothétique! Comment, du reste, parler d'ayants droit? Le bénéficiaire de l'assurance peut fort bien ne pas être un des héritiers voulus par la loi. Ce peut être un tiers, à qui il importait peu de voir capitaliser ou dissiper des sommes qui ne lui étaient pas réservées.

Tel, est, avec son plein développement, le moyen doctrinal ordinairement opposé à la théorie du contrat « d'indemnité ». M. Dupuich, dans son Traité qui constitue le dernier mot de la science juridique en notre matière, bien qu'il le juge insuffisant en droit, n'hésite pas à le développer encore (2). Nous estimons, au contraire, qu'il doit être résolument écarté.

(1) Claro. *Thèse doct.*, Paris, p 59.
(2) Dupuich. *Traité de l'assurance sur la vie*, p. 62, sqq.

Pour isoler l'assurance sur la vie des autres assurances, deux arguments principaux sont invoqués : 1° le capital assuré n'est pas la mesure du préjudice subi; 2° souvent il n'y a même aucun préjudice. Cela étant, il nous paraît que la première proposition ne prouve rien, que la seconde seule ruinerait, si elle était exacte, l'analogie tentée avec les autres assurances, mais que cette seconde proposition est loin d'être démontrée.

Elle repose sur cette erreur que pour apprécier un préjudice, il faut tenir compte du dommage exclusivement matériel, non de l'intérêt d'affection. Il n'est pas vrai de dire qu'une famille ne subit pas une perte quand lui est enlevé son chef, aussi débilité et incapable d'augmenter son patrimoine qu'on le suppose.

Qui pourra contester la valeur de certains conseils, l'influence heureuse que procure une unité de direction, enfin la puissance du lien que crée la seule présence d'une personne vénérée? Si, d'un avis unanime, la mort d'un grand homme est une « perte » pour son pays, il est non moins exact que la disparition du chef de famille est une « privation » pour les siens. Et l'on voit qu'il ne s'agit plus là d'ayants droit ; bien d'autres que les héritiers directs, les parents, les amis, peuvent être atteints dans leurs œuvres vives par la disparition prématurée de leur conseiller et de leur guide.

Dira-t-on que ces mots de « perte », de « privation », sont de simples figures de langage, mais ne peuvent être traduits en réalité juridique ? Voilà longtemps pourtant que la question est posée devant les tribunaux, dans des cas où le défunt est mort victime d'un accident, et une tendance, de plus en plus nette, semble se dessiner en faveur de la réparation pécuniaire du dommage moral. La Cour de Cassation, dans les considérants d'un arrêt de 1863, constatait déjà que l'article 1382 du Code civil, « en ordonnant en termes absolus la réparation de tout fait quelconque de l'homme qui cause à autrui un dommage, ne limite en rien ni la nature du fait dommageable, ni la nature du dommage éprouvé » (1). Depuis, un arrêt de la Cour de Cassation de Belgique, et plusieurs arrêts de Cours d'appel ont décidé formellement que l'intérêt d'affection pouvait servir de fondement à l'action en dommages-intérêts (2).

Ce préjudice, il faut le reconnaître, est difficile à évaluer : les tribunaux manquent souvent d'éléments d'appréciation. Est-ce une raison pour prohiber d'office toute recherche ? D'ailleurs cette grosse difficulté pratique s'évanouit dans le seul cas qui nous occupe. Une évaluation précise de la perte causée par le décès existe, établie d'avance par celui-là même qui était, mieux que personne, capable de la faire, puisqu'il a eu l'idée du contrat d'assurance.

Cette dernière considération pourrait même constituer toute notre réponse au premier argument invoqué, que nous n'avons pas encore examiné. Comment d'ailleurs

(1) Cass. 20 févr. 1863, S. 1863. 1. 321.

(2) V. notamment Bordeaux, 30 nov. 1881, S. 1882.2.183 ; Alger, 23 mai 1892, S. 1894.2.62 ; Cass. Belgique, 17 mars 1881, S. 1882.4.9

peut-on prétendre que le capital assuré n'est pas toujours en rapport exact avec le préjudice subi, alors qu'on serait obligé, pour apprécier ce préjudice, de mettre dans la balance des éléments moraux dont l'intéressé seul peut déterminer la valeur ?

Des tiers sont-ils plus clairvoyants que le stipulant lui-même? Quoi qu'il en soit, nous prétendons qu'une « pesée » est faite par chaque signataire de police d'assurance, avec plus ou moins d'exactitude, suivant sa pratique des affaires, mais avec un soin minutieux. Jamais le montant du capital assuré n'est fixé sans un examen complexe et approfondi des risques, des charges et des avantages stipulés. Et c'est pourquoi les primes d'assurances constituent, suivant l'expression de M. Lefort, le thermomètre exact de la valeur de la vie assurée. Qu'on veuille cependant supposer un homme faisant contrat avec une compagnie, bien moins en vue de combler une perte morale ou pécuniaire produite par son décès, que pour fournir un enrichissement à sa famille, cela est loisible sans doute, le champ des hypothèses étant infini ; mais c'est sortir du domaine de la théorie, pour entrer dans celui du rêve. Il en est une raison bien simple : les primes constituent une charge trop lourde pour permettre la fantaisie. On rencontre quelquefois des legs capricieux, inattendus, bizarres : ils n'ont exigé du testateur qu'un trait de plume. Celui qui fait un contrat d'assurance sait au contraire, comme on dit vulgairement, « ce que ça lui coûte », d'ennuis d'abord, ne serait-ce que pour subir les constatations médicales, d'argent surtout. Pour obtenir à sa mort un capital de cent mille francs, il faut, si l'on a quarante ans par exemple, verser annuellement une somme de plus de trois mille francs. Pour peu que l'on vive un certain nombre d'années, on a payé et au delà le capital promis. Ce n'est pas pratique comme spéculation. Il vaudrait mieux remettre ses fonds à une caisse d'épargne.

Cela est si vrai que, dès que la nécessité d'être assuré diminue, ou disparaît pour un individu, la pratique des assurances sur la vie montre qu'il s'adresse à l'assureur pour obtenir une réduction de charges, ou même qu'il cesse absolument de payer ses primes. Aucune Compagnie ne pourrait vivre si elle n'insérait la clause dont nous avons parlé plus haut : le paiement des primes est facultatif. Au reste, à côté de la rupture pure et simple du contrat, plusieurs combinaisons s'offrent au stipulant dont nous avons déjà mentionné quelques-unes : la réduction du capital, le rachat, enfin l'avenant qui permet d'ajouter de nouvelles clauses au contrat primitif, de changer par exemple le bénéficiaire de l'assurance. Ainsi donc, grâce à ces modifications possibles, et constamment employées dans la pratique, il ressort avec évidence que, non seulement au début, mais pendant toute la durée du contrat, le capital assuré n'est pas fixé au hasard, mais est établi par l'intéressé en correspondance avec le risque dont il veut couvrir les siens.

Ce que nous considérons, si l'on veut, c'est que cette correspondance est moins étroite que dans les autres assurances où les Compagnies discutent, après coup, le montant du préjudice éprouvé. Dans le contrat qui nous occupe aucun examen délicat n'est jamais demandé aux juges; les capitaux sont payés intégralement, quelle que soit la position de fortune de l'assuré, et bien qu'il ait contracté avec d'autres compagnies. Si les assureurs en effet demandent à ceux qui leur font des propositions d'assurances sur la vie la déclaration coutumière relative aux contrats antérieurement passés avec d'autres Compagnies, ce n'est pas pour créer un obstacle à de nouvelles assurances; ce n'est pas, en cas de réponse affirmative, en vue de limiter leur contribution, après décès, à une quote part de la perte ; c'est uniquement afin d'avoir des renseignements plus exacts sur la situation du contractant, sur sa solvabilité, sur ses charges.

Mais l'élasticité plus grande dans l'appréciation du préjudice, cette faculté laissée à l'intéressé de le fixer lui-même à son gré, n'impliquent pas du tout une différence de principe. Nous sommes simplement en présence de deux façons différentes de faire un compte.

Un propriétaire qui charge un entrepreneur de tous les travaux que nécessitera la construction d'un édifice peut sans doute attendre la justification de toutes les dépenses partielles, et payer « sur mémoires. »

Mais il n'est pas rare qu'il offre un prix global, convenu à l'avance pour l'ensemble des travaux, et qui ne se discute plus ensuite. C'est un « forfait ». Le prix payé peut être insuffisant, comme il peut dépasser de beaucoup la valeur des travaux exécutés. Ce prix n'en est pas moins considéré comme étant la contre-partie exacte des prestations de l'entrepreneur.

Supposons encore que cet entrepreneur, ayant promis de livrer l'immeuble dans des délais fixés, manque à son obligation, il sera passible de dommages-intérêts qu'un tribunal fixera, en évaluant aussi exactement que possible le préjudice éprouvé par le propriétaire. Eût-il été possible de prévoir le dommage, et de l'apprécier d'avance en signant le contrat ? Et puisque ces forfaits se font tous les jours, faudra-t-il dire que la somme fixée d'un commun accord entre les parties n'est plus la mesure du préjudice ? Ce serait renverser toutes les notions habituelles sur la possibilité de la clause pénale, admise depuis le droit romain. Sans nous étendre autrement, concluons donc que c'est bien à tort, suivant nous, que l'on a voulu distinguer, de façon fondamentale, l'assurance sur la vie des autres assurances.

Pas plus que l'assurance contre l'incendie, elle n'est « l'occasion d'un gain » ; le capital stipulé est calculé de façon à combler la perte résultant d'un sinistre, en l'espèce une mort prématurée. Seulement le préjudice à réparer est prévu à forfait, au lieu d'être fixé après coup, ce qui n'altère nullement le caractère du contrat.

Cette analogie parfaite étant établie entre les différentes espèces d'assurances, s'ensuit-il nécessairement que le capital stipulé soit une « indemnité » ? M. Lefort, nous l'avons vu, répond par l'affirmative. Pour lui, la question ne se pose même pas : « le propre de toute assurance est d'être un contrat d'indemnité » (1). Nous avons laissé pressentir notre opinion : il y a là un postulat dont il faudrait tout au moins essayer d'établir la valeur.

Qu'appelle-t-on d'abord « contrat d'indemnité » ?

Comme toujours, c'est là une question préliminaire que presque personne ne se pose.

Peu de termes, il est vrai, sont d'un emploi aussi fréquent dans la langue des assureurs. Raison majeure pour nous de défiance; car, à chaque instant, dans la matière des assurances nous rencontrons des erreurs qui ne proviennent que d'un abus de langage, d'un terme emprunté à la pratique, dont on veut faire le point de départ d'une théorie juridique. Or, il est pour nous évident que le vocable « indemnité » ne s'applique pas de façon indistincte à tous les actes qui ne constituent pas, pour un contractant, une augmentation de patrimoine, parce qu'il a subi une perte antérieure, qui est présentement comblée. « Indemnité » n'est pas synonyme de « non-enrichissement ». Ce n'est pas, comme le dit, en termes trop peu précis, le *Répertoire* de Dalloz (2) « ce qui est dû *ou donné*, pour un dommage éprouvé » ; son sens est plus restreint, et indique qu'il y a un rapport juridique entre deux personnes, dont l'une est *tenue* envers l'autre. Indemnité, c'est donc « ce qui est dû », et rien autre (3).

(1) V. *suprà*, p. 13.

(2) Dalloz, *Répertoire*, v° Indemnité.

(1) Il nous paraît que telle est bien au fond la pensée de l'auteur de la définition du *Répertoire* ; car il renvoie uniquement aux trois chapitres : *Expropriation publique*, *Obligation*, *Responsabilité*.

« *Damnum* » désignait, en droit romain, à la fois le dommage, et la réparation fournie par l'auteur du dommage, qui était considérée comme une peine.

Cette origine étymologique doit être retenue pour affirmer qu'il n'y a pas indemnité là où il y a prestation volontaire ; que l'indemnité est exigible ; qu'elle repose sur une obligation résultant elle-même soit de la loi, soit d'une convention, soit même d'une cause moins précise, mais que la langue juridique range cependant, avec une clarté suffisante, dans la catégorie des quasi-contrats ou des quasi-délits. Il faut, dans tous les cas, un lien juridique, un rapport obligatoire, comme l'établit l'art. 1382 du Code civil, sans lequel nous abandonnerions le domaine du droit, pour entrer dans celui de la morale, ou de la sociologie.

Revenant au postulat énoncé, nous devrons donc nous contenter de dire que le contrat d'assurance est, ou non, un contrat d'indemnité, suivant qu'il aura, ou non, pour objet de prémunir un individu, appelé assuré, contre les conséquences d'un fait causant à autrui un dommage, *et le rendant passible d'une condamnation* au profit de ce tiers ; l'assureur consentant ainsi à substituer, le cas échéant, sa responsabilité à celle encourue par l'assuré.

Cela étant, s'il ne peut être question, au point de vue juridique où nous voulons nous placer, d'« indemniser » un tiers auquel on n'est lié par aucun rapport d'obligation, il est tout aussi impossible de s' « indemniser soi-même », parce qu'on ne peut se faire condamner soi-même. Quelles sont alors les assurances qui méritent véritablement le nom de contrats d'indemnité? L'assurance sur l'incendie?

Il faut distinguer. Si l'on passe contrat avec une compagnie pour couvrir la perte résultant pour soi de l'incendie possible de sa maison, on ne fait pas un contrat d'indemnité, pour la raison que nous venons d'indiquer. On adopte une combinaison destinée à amortir des risques, on « s'assure » précisément, et voilà tout! Si, au contraire, prévoyant un recours possible de son propriétaire, ou une action des co-locataires, on traite avec une Compagnie d'assurances, on fait cette fois un contrat d'indemnité. Car, on se met à l'abri d'une condamnation civile, inévitable, en cas de sinistre, qui résulterait non seulement des principes généraux énoncés par l'article 1382, mais de l'article 1734 du Code.

Voilà donc déjà le fameux principe général fortement entamé. Mais poursuivons notre examen; les assurances contre les diverses intempéries, contre la grêle, contre les inondations, etc., ne seraient des contrats d'indemnité que si un remaniement complet de notre organisation sociale établissait le droit pour les individus de se faire rembourser par la collectivité les pertes que leur font subir les cataclysmes de la nature. En ce cas, les primes versées par les particuliers aux assureurs privés, ou, plus pratiquement, à l'État ou à la commune, les mettraient à l'abri du recours en responsabilité du sinistré, qui toucherait alors un capital en bloc, à titre d'indemnité.

Tant que cette révolution considérable ne sera pas faite

les contributions fournies occasionnellement par l'Etat, ou par les particuliers, en présence d'un malheur public, auront un caractère bénévole. Quant aux capitaux versés par les compagnies qui assurent actuellement contre les contingences de la nature, ils n'ont point naturellement le caractère indemnitaire.

Nous pourrions faire une constatation analogue au sujet d'autres assurances, contre le vol, contre les risques de guerre, qui ont pris un certain développement depuis quelques années. Il sera plus intéressant d'examiner une autre assurance parce qu'elle offre un caractère bien net de contrat d'indemnité : l'assurance contre les accidents du travail.

Qui la contracte ? Le patron. Pour quel objet ? En vue d'un accident possible pour l'ouvrier pendant son travail. Sans assurance, qu'adviendrait-il pour le patron ? Par une aggravation du droit commun, sa faute étant toujours présumée établie, depuis la loi du 9 avril 1898, il serait déclaré pécuniairement responsable de l'accident, il serait condamné aux dommages-intérêts de droit envers l'ouvrier. L'assurance contractée couvre entièrement le patron, et répare, en son lieu et place, le préjudice subi par l'ouvrier. Voilà l'exemple typique de l'assurance, contrat d'indemnité, reposant sur une obligation, pouvant entraîner une action judiciaire.

L'assurance sur la vie offre-t-elle ce caractère ? C'est pour nous maintenant une simple question de fait à résoudre.

Le stipulant, qui contracte assurance, a-t-il une responsabilité à couvrir? Ou, sinon lui, puisqu'il s'agit d'un fait engendré par son décès, du moins ses héritiers auraient-ils à craindre qu'on leur réclamât une réparation pécuniaire, si l'assureur ne se substituait à temps pour les défendre? Nous ne voyons pas que M. Lefort, ni aucun de ceux qui entendent considérer le contrat d'assurance sur la vie comme un contrat d'indemnité se soient préoccupés de l'établir, encore que ce soit pour nous le seul point important. M. Ferrié cependant, bien que son argumentation ne soit pas très précise sur ce point, paraît invoquer en ce sens l'autorité de M. Lacoste, professeur de droit à la faculté d'Aix (1), qui, dans une note au Sirey écrit qu' « un dommage matériel peut motiver une action de la part d'une personne même étrangère à la famille du défunt ».

Ainsi, par exemple, le défunt avait recueilli chez lui un ami et subvenait à son entretien; nous croyons que cet ami peut réclamer le montant des aliments qui lui font défaut par suite du délit ou du quasi-délit (2) ». Ainsi le distingué professeur donne des bases très larges au principe de la réparation civile.

Mais les derniers mots de la citation doivent être retenus; M. Lacoste envisage uniquement le cas où il y a, pour causer l'action, un fait délictueux ou quasi-délictueux.

En l'espèce, il s'agissait d'un ouvrier mort par accident,

(1) Ferrié. *Thèse*, pp. 42 sqq.
(2) Sirey. 1897. 2. 25 sqq. Note sous Rouen 24 février 1894.

aux frères et sœurs duquel la Cour de Rouen avait refusé d'accorder une indemnité, la réservant aux seuls père et mère du défunt. M. Lacoste nie qu'il faille limiter le domaine de la réparation civile à l'étendue de l'obligation alimentaire. Nous sommes complétement d'accord avec lui; nous irions même volontiers plus loin (1), puisque M. Lacoste émet des restrictions quand on ne peut établir qu'un préjudice moral. En ce dernier cas, « pour que l'action en dommages-intérêts puisse être acceptée, il faut qu'au lien d'affection se joigne un lien de famille ».

Or, nous trouvons cette exigence quelque peu arbitraire; du moment qu'est admis le droit d' « *agere causam doloris* », il ne nous paraît pas possible, théoriquement au moins, d'en restreindre l'étendue. Mais à une condition, bien entendu, c'est qu'on ne sorte pas du terrain du délit ou du quasi-délit, où l'hypothèse envisagée par M. Lacoste nous a placés.

Dans le cas contraire, quand il n'y a point mort causée par un fait quelconque de l'homme, mais mort toute naturelle, nous persistons à demander en vertu de quel principe juridique on prétendrait obliger la succession du défunt. Voudra-t-on faire de la mort prématurée un quasi-délit ? Ce serait une conception singulièrement hardie.

On répond, il est vrai, que si aucune obligation civile n'existe, qui puisse causer un recours en dommages-inté-

(1) V. *suprà*, p. 20.

rêts, à défaut d'assurance contractée, il y avait une obligation naturelle, à la charge du défunt, qui une fois reconnue et exécutée volontairement ne peut plus être répétée, et qui suffit à enlever au contrat son caractère libéral. Et l'on invoque ces liens de famille, auxquels M. Lacoste faisait allusion, et qui « sont la source de devoirs et de droits importants » (1).

En admettant même qu'il en fût ainsi, la thèse perdrait singulièrement de sa généralité, puisqu'on ne pourrait plus parler de « contrat d'indemnité » que lorsque le bénéficiaire serait un parent ou un allié du stipulant. Mais a-t-on le droit de dire qu'il existe pour un mari, pour un père, pour un fils une obligation naturelle de subvenir, pour après sa mort, aux besoins de ceux qu'il laisse après lui?

« Aux termes des art. 212, 213 et 214 C. civ., dit un jugement du tribunal de commerce de Caen, le mari doit à sa femme assistance, secours et protection, et est obligé de lui fournir tout ce qui est nécessaire pour les besoins de la vie ; par suite, en souscrivant au profit de celle-ci une assurance destinée à lui assurer après son décès quelques ressources, il ne fait que remplir les devoirs et obligations résultant du mariage » (2). On trouverait sans doute des jugements invoquant les mêmes articles pour établir l'obligation des enfants envers les parents, et inversement. Mais autre chose est d'affirmer, et autre chose

(1) Lacoste ; Note au Sirey, citée suprà p. 29

(2) Comm. Caen, 21 mai 1887, *J. ass.*, 88 ; 523.

de prouver. Nous ne voyons pas que le Code ait entendu perpétuer l'obligation alimentaire, même sous sa forme la plus atténuée. La Cour d'Amiens le constatait bien avant nous : « La femme bénéficiaire se prévaut vainement, pour revendiquer un droit propre à la somme assurée, de ce que la stipulation faite à son profit aurait été dictée par le désir de l'assurer en quelque sorte contre les conséquences du décès prématuré de son mari et de la mettre, en cas de survie, à l'abri du besoin ; en effet, les obligations mutuelles entre époux, consacrées par les art. 212 et 214 C. Civ. ne se perpétuent pas au delà de la mort, et le motif qui a inspiré une libéralité, si plausible qu'il puisse être, n'en change pas la nature » (1). Et la preuve que c'est la Cour d'Amiens qui a raison juridiquement contre le Tribunal de commerce de Caen, c'est que, comme le fait remarquer M. Boucher (2), si vraiment le père, ou le mari, acquittait par l'assurance une obligation naturelle, « on ne comprendrait pas qu'il eût, sans en rendre compte à personne, le droit de faire cesser l'assurance, ou d'en révoquer le bénéfice, pour l'attribuer ensuite à un étranger ». Nul sans doute n'est tenu d'exécuter une obligation naturelle ; mais c'est un principe de droit que, la volonté une fois manifestée d'exécuter l'obligation (et cela apparaîtrait justement par la désignation de la femme ou des enfants dans la police d'assurance), il est impossible de revenir à l'état de

(1) Amiens, 25 février 1880, S. 81. 1. 337. Cf. Troyes 13 juillet 1877, *J. Ass.* 80. 305.
(2) Boucher. *Thèse*, p. 36.

choses antérieur. Il s'est opéré une novation juridique, qui a transformé, en obligation civile, l'obligation naturelle préexistante ; et nul n'a le droit de se soustraire, par un acte unilatéral de sa volonté, à une obligation civile.

Si donc les liens de famille peuvent créer, entre vivants, une obligation, ils ne commandent point aux morts. Tout au plus peut-on dire qu'il existe un devoir moral d'assurer, après son décès, la situation de ses proches, devoir assurément respectable, et qui peut constituer un motif obligatoire pour la conscience, mais point du tout une cause d'obligation juridique. Car, pour reprendre les termes excellents de l'arrêt d'Amiens, « le motif qui a inspiré une libéralité, si plausible qu'il puisse être, n'en change pas la nature ». C'est ainsi, comme le fait remarquer fort justement M. Dupuich, que « lorsque, à la suite d'un sinistre maritime ou industriel, des souscriptions sont recueillies dans le public, au profit des victimes ou de leurs familles, les souscripteurs, malgré qu'ils aient l'intention de réparer chez celles-ci le préjudice qu'elles ont souffert, n'en font pas moins, au point de vue du droit, un pur don, puisqu'ils n'acquittent pas une dette » (1). Au fond, c'est dans une confusion entre le « motif » et la « cause » qu'il faut chercher l'explication de la théorie erronée qui veut faire de toute assurance contre le décès un contrat indemnitaire. Parce que la stipulation n'est pas faite au hasard, parce qu'elle est motivée par un sentiment bien

(1) Dupuich. *Traité de l'Assurance*, p. 56 sqq. Cf. Bruxelles, 4 mai 1874, *Pas*. 74. 2. 294.

défini d'affection, de reconnaissance, ou d'honneur, on veut en conclure que la cause de l'acte cesse d'être libérale, comme s'il n'y avait que les seuls fous dont les actes puissent être qualifiés de libéralités !

Historiquement, du reste, l'erreur s'explique. Il suffit de se rappeler les controverses qui se sont produites, au commencement du siècle dernier, quand l'assurance sur la vie a été importée d'Angleterre en France.

Plusieurs juristes se demandaient s'il ne fallait pas considérer comme illicite au premier chef une convention basée sur la durée de la vie ; d'autres, moins absolus, n'admettaient sa validité que s'il était démontré que le bénéficiaire eût intérêt à la vie de l'assuré et ressentît par conséquent une perte par sa mort. Et, dans l'incertitude des premières années, on put voir, chose singulière, des compagnies d'assurances s'autoriser de ces théories pour soulever des exceptions au paiement du capital promis (1). Heureusement, la cour de Limoges, plus clairvoyante, s'appuyant sur ce que, depuis l'ordonnance de 1681, l'on chercherait vainement dans notre législation des prohibitions contre l'assurance sur la vie, décidait que « c'est sans motif suffisant que l'on a prétendu que l'assurance faite sur un tiers, à la vie duquel l'assuré n'a pas d'intérêt, a une cause illicite, contraire à l'ordre public et à la sûreté de ce tiers ». L'opinion publique n'en était pas moins émue, comme elle l'avait été trente ans auparavant en

(1) Limoges, 2 déc. 1836, S. 1837. 2. 182.

Angleterre, à la suite du fameux arrêt de Godsall *versus* Boldero (1). Et les Compagnies d'assurances eurent beau renoncer à soutenir de pareils procès, et déclarer dans la presse que le paiement des primes manifestait suffisamment, dans tous les cas l'intérêt assurable, le courant ne pouvait être remonté. Il fallait trouver quelque chose : une base juridique qui rendît la confiance. Les auteurs s'y employèrent de leur mieux. La formule fut d'abord celle-ci : l'assurance en cas de décès est toujours un contrat *de damno vitando*. Mais comme certains théoriciens protestaient encore (2), on songea à mieux, un nom, pour le capital assuré, qui fut à lui seul l'expression de la théorie.

Ce mot, on l'emprunta tout naturellement à la pratique des assurances contre l'incendie, où il était employé d'une façon générale, quoique en certains cas, peu juridique ; on fit stipuler une « indemnité » payable à la mort de l'assuré. Le bénéficiaire était tranquille, il ne pouvait se voir opposer aucun obstacle quand, le moment venu, il demandait à la compagnie d'être « indemnisé » conformément à l'engagement pris. Le contrat d'assurance devenait donc, par la force naturelle du langage un « contrat d'indemnité ».

Il n'y aurait eu aucun inconvénient sérieux à souffrir cette terminologie, si l'on avait toujours voulu se souvenir du sens étendu qu'elle prenait dans la matière de l'assu-

(1) En note : Lefort. *Traité* p. 184, note 4.

(2) V. Blondel. *Ass. sur la vie*, p. 19, qui soutient que l'assurance est instituée uniquement *de lucro captando*.

rance. Mais il était fatal qu'avec les années la confusion se produisît, et qu'oubliant à la longue que « contrat d'indemnité » ne signifiait pas autre chose que « contrat *de damno vitando* », on voulût lui attribuer son sens normal. Ainsi sur un mot improprement employé, on a pu arriver à échafauder toute une thèse ; de la constatation d'un préjudice, sans plus, on s'est cru autorisé à conclure à une réparation obligatoire.

Rien ne légitimait cette induction. Sur ce point, nous avons suffisamment développé notre pensée pour que nous nous dispensions d'y revenir. Mais le principe étant établi, nous ferons volontiers une concession. C'est que ce qu'il est impossible d'affirmer *à priori* peut être vrai parfois *à posteriori*. Il est des cas particuliers où le contrat que nous étudions offre véritablement un caractère indemnitaire, et où il ne peut en conséquence être exigé ni réduction, ni rapport. C'est lorsque le bénéficiaire peut apporter la preuve d'un rapport d'obligation ayant existé entre lui et le stipulant, qui, au sens juridique que nous précisions plus haut, a véritablement « causé » l'assurance. Les espèces les plus nettes sont évidemment celles où il s'agit de gens n'ayant entre eux aucun rapport de parenté, ni d'alliance. Presque toujours alors, comme l'a remarqué M. Cosmao-Dumanoir (1), l'attribution à titre onéreux ne se produit pas de prime abord ; le contrat a été souscrit dans une pensée libérale au profit d'un parent, ou d'un époux ; puis sous

(1) Cosmao-Dumanoir. *Thèse*, p. 135.

la pression des circonstances, obligé de se procurer du crédit, le stipulant cède sa police, soit définitivement comme dation en paiement, soit à titre temporaire, comme sûreté, en attendant qu'il puisse rembourser la somme empruntée. Dans tous les cas, qu'il y ait constitution de gage, ou transport définitif, qu'il y ait même attribution directe du bénéfice de l'assurance au créancier, il est bien évident que les héritiers ne peuvent exercer aucune retenue sur les sommes payées par l'assureur. De rapport, il ne peut être question ; mais si un héritier mal avisé réclamait, dans ces conditions, la réduction du bénéfice de l'assurance, le bénéficiaire n'aurait, pour repousser l'action, qu'à justifier de sa créance. C'est l'évidence, et le fait que la jurisprudence est muette est une preuve suffisante de l'inutilité qu'il y aurait à le contester.

La Cour d'Amiens a cependant eu l'occasion de constater cette utilisation possible de l'assurance sur la vie. Ce contrat, au profit d'un tiers déterminé « peut constituer une libéralité de la part du stipulant si tel est le but qu'il a voulu atteindre ; elle peut aussi constituer une dation en paiement, ou tout autre contrat commutatif ; en un mot, cette opération doit être appréciée suivant les rapports que le stipulant a entendu établir entre lui et le bénéficiaire » (1). Du moment donc où il apparaît que le stipulant a entendu fournir une contre-partie à une obligation reconnue, aucune contestation n'est possible.

(1) Amiens, 26 avril 1888, S. 1888. 2. 220. Cf. Cass. 18 janv. 1880, S. 1880, 1. 441.

Cependant, on rencontre assez fréquemment en pratique des situations moins tranchées, dans lesquelles, en raison des liens innombrables, pécuniaires et moraux, unissant le stipulant et le bénéficiaire, il devient difficile de se prononcer, *ex cathedra*, sur le point de savoir s'il y a, ou non, libéralité. Qu'un père souscrive une assurance en faveur de son fils, dans un but autre que celui de le gratifier, cela n'a rien d'impossible à concevoir.

Un hasard favorable s'étant présenté pour entreprendre une affaire qui rapportera de gros bénéfices et sera pour la famille entière une source d'enrichissement, un père manquant des capitaux nécessaires, pour monter une usine par exemple, s'entend avec l'un de ses fils. Celui-ci, par l'effet d'un mariage fortuné, ou par suite de son industrie personnelle, est précisément en mesure de fournir à son père les sommes dont il a besoin. Le père, en retour, au lieu de signer une reconnaissance pure et simple du prêt, contracte une assurance sur la vie, en faveur de son fils, soustrayant ainsi ce dernier à la perte d'argent inévitable autrement, dans le cas où une mort prématurée aurait anéanti l'entreprise avant qu'elle ait pu donner les bénéfices espérés, ou acquérir une valeur équivalente aux dépenses engagées. Le tout, nous le supposons, est bien et dûment constaté par acte authentique, pour éviter toute apparence de fraude. Pourra-t-on nier qu'un capital souscrit dans des conditions semblables offre bien le caractère d'une indemnité? (1)

(1) Le tribunal de la Seine a tranché dernièrement une espèce analo-

Le plus souvent le conflit surgit entre les héritiers du mari et la femme au bénéfice de laquelle une assurance a été souscrite par le défunt. Cependant aucune décision récente n'a reconnu le caractère indemnitaire à l'assurance contractée au profit de la femme. Mais c'est uniquement en raison des circonstances de fait, les Cours ayant toujours en droit admis la preuve contraire. Nul doute que si cette preuve avait pu être administrée, si la femme était parvenue à établir que le capital assuré constituait pour elle un équivalent de sa créance dotale, ou de toute autre reprise prévue par la loi, aucune espèce de déduction n'aurait été permise au profit des héritiers.

Un arrêt de Douai le dit en termes formels : «Attendu que

gue. Il s'agissait de deux frères, primitivement associés pour continuer le commerce de leur père, et dont l'un, au bout de quelques années, s'était retiré, laissant à son frère le soin de liquider la situation, et de solder en particulier une créance atteignant le chiffre de 40.000 francs. Ce dernier, en retour, s'était fait attribuer, par avenant spécial, une moitié du bénéfice d'une assurance sur la vie, antérieurement souscrite. Les conventions avaient été observées ; la créance avait été intégralement remboursée. Mais le bénéficiaire de l'assurance étant mort avant que le décès de l'assuré rendît le capital exigible, ses héritiers crurent pouvoir exercer contre sa veuve le droit de réduction. Le Tribunal maintint avec raison le droit de la veuve au bénéfice de l'assurance : « Attendu en fait que les documents versés aux débats démontrent que l'attribution à Félix E... de la moitié du capital assuré constituait une véritable dation en paiement, et non une libéralité de la part de son frère ; que ce dernier, en effet, dès l'année 1890, prévoyait que son état de santé ne lui permettrait plus d'aider Félix qui allait être obligé de diriger seul l'exploitation de leur commerce ; qu'en fait c'est lui seul qui a contribué à réduire, par l'abandon d'une partie de ses bénéfices personnels, la créance de G... contre les deux frères ; Par ces motifs : dit et déclare que la veuve Félix E..., agissant tant en son nom personnel qu'en qualité de tutrice de son fils mineur, est fondée à recueillir la moitié du capital assuré attribué à son mari par l'avenant du 22 novembre 1890. » (Seine 14 déc. 1899, *J. Ass.*, avril 1900, p. 126).

l'attribution bénéficiaire d'une somme assurée faite par un mari à sa femme, créancière de sa dot, ne constitue pas nécessairement une libéralité, puisqu'elle a pu être inspi rée par une pensée de prévoyance profitable aux deux époux, à l'effet de servir à assurer d'abord à la femme paiement de ce qui lui est dû ; que d'autre part, il ne peu. y avoir de libéralité sans que l'intention libérale soit constatée ; qu'il y a donc lieu, dans chaque espèce, de rechercher l'intention du stipulant (1) ». Voilà l'énonciation du principe. Mais, ajoute la Cour de Douai, « Attendu en fait que, dans la cause actuelle, les parties sont d'accord pour interpréter la clause bénéficiaire en ce sens que la dame T... aurait le droit de recevoir, de la compagnie du *Nord,* la somme assurée, indépendamment et en surplus de ses reprises et droits quelconques contre la communauté; attendu, qu'ainsi entendue, cette stipulation bénéficiaire constitue manifestement une libéralité, etc.. » la Cour en tire des conclusions contraires aux prétentions de la femme.

En somme, un point est à retenir : il n'existe pas de fin de non-recevoir contre la partie qui demande à établir le caractère indemnitaire d'une assurance sur la vie. Le juge est libre, après avoir examiné les circonstances de fait, de se prononcer dans un sens ou dans l'autre. Et sa décision est souveraine, sous réserve cependant d'un recours possible devant la Cour de Cassation qui, en cette matière,—

(1) Douai, 16 janvier 1897, D. 1897. 2. 425. Cf. Amiens, 9 mai 1881, D. 1882. 1. 97; Amiens, 6 mai 1888, S. 1888. 2. 177.

et bien qu'il s'agisse d'une question de fait, — s'est réservé un droit supérieur de contrôle, dans le but fort louable d'éviter les erreurs d'interprétation que nous avons successivement rencontrées (1).

Mais il est bien évident, comme le fait remarquer M. Dupuich (2), que l'existence d'une obligation de l'assuré faisant contre-partie à la constitution de l'assurance est un fait exorbitant du droit commun qui doit, suivant le principe de l'art. 1315 C. civ. être prouvé formellement et ne saurait être présumé. D'où il suit qu'à défaut de cette preuve, il existe comme une présomption que le constituant a été guidé par une intention libérale. Sans doute, nous hésitons à employer ce mot de présomption dans une matière dont le législateur ne s'est jamais occupé (3). Mais à défaut du mot, le fait existe, et il faut bien le constater en terminant ce chapitre : dans la généralité des cas, l'assurance sur la vie constitue une libéralité pour le bénéficiaire; l'assurance-indemnité n'est qu'une exception. Chaque fois donc que n'apparaîtra pas nettement ce caractère, les juges seront bien obligés de s'en tenir au « droit commun ». Ainsi, la Cour de Cassation, a cassé un arrêt de Bourges décidant que la « stipulation n'avait pas le caractère d'une libéralité » parce qu'elle a a estimé que la preuve du caractère onéreux de la combinaison n'était pas suffisamment faite (4).

(1) Cass. 22 février 1893, S. 1894. 1. 65.
(2) Dupuich. *Op. cit.*, pp. 61 et 62.
(3) Cf. Note Champcommunal *Pand. fr.*, 1899, 2, 129.
(4) Cass. 22 février 1893, D. 1893.1.400

Nous croyons donc pouvoir résumer tous nos développements en cette formule excellente, que nous empruntons à un jugement rendu par le Tribunal de Mâcon : « En principe, et à moins de circonstances exceptionnelles qu'il appartient aux tribunaux d'apprécier, l'assurance sur la vie au profit d'un tiers constitue, de la part de celui qui l'a contractée, à l'égard de ce tiers, une véritable libéralité » (1).

(1) Mâcon, 24 janvier 1883. *J. Ass.* 1883, p. 303.

CHAPITRE II

DE LA NATURE JURIDIQUE DU CONTRAT D'ASSURANCE SUR LA VIE.

Pour écarter l'obligation de la réduction et du rapport, il faut donc repousser cette sorte de question préalable qui faisait de tout capital assuré une « indemnité ». En dehors des cas exceptionnels, dont nous n'avons pas à nous occuper, le contrat d'assurance sur la vie, conçu dans une intention purement libérale, doit être soumis aux règles primordiales qui régissent les donations et les legs (1). Tout serait fini, s'il ne se présentait immédiatement alors une autre question par laquelle, en définitive, tout se trouve remis en cause.

Le rapport et la réduction s'imposent, soit ! Mais le rapport de quoi ? Quelle somme faudra-t-il comprendre dans le calcul de la quotité disponible? Le capital stipulé

(1) Cf. Lyon 18 mars 1885. *J. Ass.* 1885 p. 262 : « L'attribution du capital assuré à un tiers déterminé lorsqu'elle a lieu à titre purement gratuit, constitue de la part du stipulant une véritable libéralité qui demeure, comme telle, soumise à toutes les dispositions du droit civil régissant la capacité de donner et de recevoir, les rapports dus par les cohéritiers entre eux, et la réduction à la quotité disponible en cas d'excès ».

et payé par la Compagnie au décès de l'assuré ? Ou bien l'ensemble des primes payées, an après an, par le stipulant ? Laquelle des deux sommes constitue ici la donation ?

Autant de questions qu'on ne peut résoudre sans remonter aux principes, et sans analyser les caractères juridiques du contrat d'assurance sur la vie. (1)

(1) Il faut se garder de confondre la situation ordinaire où le bénéfice de l'assurance est attribué directement à un tiers, soit dans l'acte primitif, soit par avenant, ce qui revient au même (nous aurons occasion de le constater dans le cours de ce chapitre), avec un cas beaucoup moins pratique, mais que nous ne pouvons négliger de mentionner, celui où un preneur d'assurance voudrait céder, à titre de libéralité, sa police déjà existante, et dont il s'était attribué le bénéfice, sans faire à l'assureur désignation du bénéficiaire. Il pourrait recourir à un acte solennel passé dans les formes prescrites par les art. 931 sqq. C. civ., ou, plus simplement, désigner, par une disposition testamentaire, le tiers auquel il veut que soit remis, en son lieu et place, le bénéfice du contrat. La situation juridique n'offre, en ce cas, aucune difficulté en ce qui concerne la réserve et le rapport. Que valait la police au moment du legs ou de la donation ? De cela, uniquement, il faut se préoccuper ; car, à ce moment, le donateur s'est dépouillé directement de tout ce qu'elle représentait pour lui comme valeur patrimoniale. Dans le cas de donation, la libéralité est égale à la valeur de rachat. Si, en effet, au lieu de faire don de la police d'assurance, le preneur eût purement et simplement cessé de payer les primes, l'assureur lui aurait versé, après les trois premières années, une somme représentant un trop perçu. Par l'effet de la donation, il renonce à cette somme pour en gratifier un tiers. C'est donc bien là la valeur de la donation, sans qu'on ait à se préoccuper de savoir si le tiers, en continuant le paiement des primes, — ce qu'il était laissé libre de faire, — a modifié la situation qui lui était offerte ; c'est pour le donateur et pour ses héritiers « *res inter alios acta* ».

S'il s'agit d'un legs, le doute est encore moins permis.

C'est absolument comme si le testateur avait pris le capital assuré dans son patrimoine pour en gratifier un légataire. Celui-ci devra donc se soumettre, le cas échéant, à l'action en réduction des héritiers ou à la demande de rapport de la totalité du bénéfice de l'assurance. Mais, encore une fois, ces solutions incontestables ne peuvent être étendues au cas où il y a attribution directe à un bénéficiaire, c'est-à-dire stipulation pour autrui.

Après une évolution laborieuse, et des contradictions nombreuses, la jurisprudence paraît, à cet égard, absolument fixée, depuis le fameux arrêt de rejet de la Chambre civile de la Cour de Cassation du 2 juillet 1884 qui énonce le principe suivant : « Le contrat d'assurance, par lequel il est stipulé que, moyennant le paiement de primes annuelles, une somme déterminée sera, à la mort du stipulant, versée à une personne désignée, a pour effet, — au cas où il a été maintenu par le paiement régulier des primes, — d'une part, d'obliger, à la mort du stipulant, le promettant à verser le capital assuré entre les mains du tiers désigné, et d'autre part, de créer à ce même instant au profit du tiers bénéficiaire un droit de créance contre le promettant. Ce droit est personnel au tiers bénéficiaire et ne constitue pas une valeur successorale » (1).

Avant d'examiner la doctrine formulée par la Cour de Cassation, faisons-en comprendre immédiatement le sens et la portée pratique. Il s'agissait, en l'espèce, de deux assurances s'élevant ensemble à la somme de 60.000 francs, et souscrites par un père de famille au profit de ses quatre enfants, vivants au moment du contrat, nominativement désignés. Les enfants d'ailleurs n'avaient connu l'assurance qu'au décès de leur père, aucune acceptation n'avait donc pu être formulée par eux antérieurement.

Or, il se trouvait que le père, en mourant, avait laissé de nombreux créanciers, que ne pouvait laisser indifférents

(1) Cass. 2 juillet 1884. D. 1885. 1. 150 ; S. 85.1.5.

le versement d'une somme de 60.000 francs souscrite par leur débiteur, au profit de ses enfants. Une saisie-arrêt avait été pratiquée entre les mains de la Compagnie d'assurances.

Que fallait-il décider ? Le bénéfice de l'assurance appartenait-il à la succession du stipulant, auquel cas il devenait naturellement le gage de ses créanciers ?

Appartenait-il, au contraire, *jure proprio*, aux tiers en faveur desquels il avait été stipulé, et, dans ce cas, il devait donc être donné mainlevée de la saisie-arrêt des créanciers ?

La Cour de Nancy s'était prononcée en faveur de la seconde solution. Pour elle, une assurance contractée au profit de tiers nominativement désignés créait, dès l'origine, un droit propre ; le droit incontestable des créanciers du *de cujus* de se payer sur tous les biens composant l'actif de la succession ne pouvait être utilement invoqué, les bénéficiaires, quoique héritiers, n'ayant pas acquis *jure hereditario*.

Appelée à se prononcer, la Cour de Cassation, suivant du reste les tendances d'une jurisprudence antérieure, — ainsi que le rappelle M. le conseiller Crépon dans un des rapports si substantiels qu'il écrivit à ce sujet (1) — refuse de casser l'arrêt de Nancy, reconnaissant ainsi ce que l'on appelle désormais « le droit propre du bénéficiaire » sur le capital stipulé.

(1) S. 1885. 1. 85.

L'importance de cette solution au point de vue pratique, on la comprend sans peine.

L'assurance sur la vie, étant désormais à l'abri des revendications des créanciers de la succession, voit son développement assuré.

Le père de famille ne sera plus inquiet sur le sort des siens, dès que, par une sage prévoyance, il aura eu soin de mettre de côté chaque année, sous forme de primes d'assurances, une certaine partie de ses gains ; aucun des mauvais hasards de la vie ne pourra désormais intervenir et enlever aux orphelins et à la veuve le pain sauvegardé à leur intention.

Mais quelle justification juridique apporter ? Renvoyer simplement à l'art. 1121 C. civ., comme s'était contentée de le faire la Cour de Nancy, n'était pas une explication dont l'évidence s'imposât à tous. Plusieurs auteurs en s'appuyant sur l'art. 1121, aboutissaient à une conclusion toute différente. Le savant rapport de M. Crépon (1) que la Cour de Cassation a fait sien, en en adoptant les conclusions, est plus explicite, et nous permet de formuler la théorie qui, nous le répétons, est admise à peu près unanimement, à l'heure actuelle, aussi bien en doctrine qu'en jurisprudence, pour expliquer le fonctionnement essentiel du contrat d'assurance sur la vie (2).

(1) V. également Crépon, S. 1888. 1.121, note sous Cass. 16 janv. 1888.

(2) Lefort. *Traité du contrat d'assurance sur la vie* , I p. 207 sqq. Lambert. *La Stipulation pour autrui*. Dupuich. *Traité*, p. 33 sqq.

Nous ne mentionnerons donc que pour mémoire le système très ingénieux, proposé naguère par M. Labbé, et qui faisait rentrer le contrat d'assurance dans le cadre plus général de la gestion d'affaires (1). Il rencontrait cette objection capitale que l'intention de gérer l'affaire d'autrui ne se présume pas, mais doit être établie tout au moins par un commencement de preuve par écrit, que du reste, en fait, l'intention contraire eût été présumée dans la plupart des cas. Comme le fait de plus remarquer M. Lefort (2), la gestion d'affaires confère immédiatement au géré absent le droit ferme, irrévocable, de ratifier la convention dès qu'il en a pris connaissance : le gérant était libre de ne pas traiter ; l'ayant fait, il ne peut plus se rétracter.

En matière d'assurances sur la vie, la jurisprudence s'est de bonne heure orientée dans un sens tout différent ; elle admet que l'assuré n'est pas lié par la désignation du premier titulaire et conserve toute latitude pour en choisir un autre, pour faire même rentrer le capital dans son propre patrimoine, tant que le tiers n'a pas exprimé son acceptation : Bien plus ! il peut annuler totalement les effets du contrat en cessant le service des primes, ou en pratiquant le rachat en nom propre. De pareilles pratiques, indispensables au fonctionnement de l'assurance en cas de décès, seraient inacceptables dans le

(1) Labbé. Notes au Sirey ; 1877. 1. 393 ; 1881. 1. 145 ; 1888. 2. 177 ; 1889. 1. 97.

(2) Lefort. *Traité* 1, p. 212.

système de M. Labbé ; car elles se heurteraient directement à l'art. 1372 C. civ. qui impose à tout gérant d'affaires l'obligation de mener à bonne fin l'affaire entreprise par lui, ce qui interdit au stipulant de cesser d'acquitter ses primes, sa vie durant.

Il n'est donc pas possible de trouver à l'assurance sur la vie d'autre base que celle fournie par l'art. 1121 qui autorise la stipulation pour autrui.

On a vainement objecté que l'on ne rencontrait, dans notre contrat, ni la stipulation pour soi-même, ni la donation à un autre, qui seules, autorisent, aux termes mêmes de l'art. 1121, la stipulation pour autrui.

De donation à un tiers, on ne peut évidemment en discerner ; mais, au contraire, l'intérêt personnel du stipulant au contrat est facile à démontrer. Sans parler des cas exceptionnels où l'assurance est contractée au profit d'un créancier, nous avons montré, dans le chapitre précédent, qu'il y a, en tout cas, intérêt moral, parfaitement appréciable, et dont la jurisprudence n'hésite pas à tenir compte. De plus nous venons de voir que la faculté de rachat, de révocation, etc., forme partie intégrante du mécanisme du contrat. Cela étant, la Cour de Cassation a raison de dire que « le profit de l'assurance pouvant, dans certaines éventualités, revenir au stipulant, cette circonstance suffit pour lui constituer un intérêt personnel dans le contrat » (1).

(1) Cass. 16 janvier 1888, déjà cité p. 47. Cf. Amiens, 26 avril 1888, S. 88. 2. 240 : « Le contrat d'assurance sur la vie au profit d'un tiers déterminé contient une stipulation, non seulement au profit de ce tiers

L'applicabilité de l'art. 1121 n'est pas douteuse ; mais il reste à expliquer comment on doit concevoir cette stipulation pour autrui. C'est là le délicat problème, que l'arrêt de 1884 a tranché définitivement.

Beaucoup d'auteurs, avant 1884, voulaient décomposer l'opération, et ils raisonnaient de la sorte : « Le tiers n'est pas intervenu au contrat, il n'a pas stipulé; or, personne ne peut acquérir un droit sans sa volonté. C'est une offre qui lui est faite, il doit l'accepter; quand il l'a acceptée, l'offre devient un contrat qui oblige toutesles parties intéressées. Jusqu'à l'acceptation, il n'y a qu'une simple offre qui n'oblige pas le stipulant » (1). Dès lors, pour que l'acceptation du tiers puisse faire naître un droit à son profit, il faut qu'elle intervienne avant le décès du stipulant; si le tiers meurt, avant cette acceptation, ses héritiers n'ont point qualité pour accepter l'offre faite à leur auteur. La coexistence des consentements est nécessaire à la formation du contrat.

La conséquence de ce système est qu'il y a deux conventions. M. Laurent l'explique de la façon suivante : « La première convention est formée par le concours des volontés du stipulant et du promettant; mais de là ne suit pas que la seconde convention soit déjà formée; elle se formera par l'acceptation du tiers; jusque-là il n'y a pas de lien entre le stipulant et le tiers ». Et la preuve,

mais encore au profit du stipulant lui-même qui devient créancier éventuel de la valeur de rachat, au cas où il cesserait le paiement des primes ».

(1) Laurent : *Principes de droit civil*, XV, n° 559.

c'est que l'art. 1121 prévoit la révocation de l'offre; l'acceptation seule, qui crée le contrat, fait acquérir le droit définitif au bénéfice de l'assurance.

Formulée en termes aussi absolus, il n'est pas difficile de réfuter cette théorie, et de prouver que, prétendant s'appuyer sur l'art. 1121, elle en constitue, en définitive, le contre-pied.

Néanmoins, il nous a paru nécessaire de la rappeler, tant à cause de la grande autorité qui s'attache au nom de M. Laurent (1), et de l'époque relativement récente où la formulait son auteur, — la troisième édition du *Traité de droit civil* est de 1878, — que parce qu'elle permet de se rendre un compte plus exact de la portée de la théorie adoptée en 1884, et du chemin parcouru.

Tout le raisonnement de M. Laurent est basé sur les prémisses suivantes : personne ne peut acquérir un droit sans sa volonté. Or, cela même est la négation de l'art. 1121, puisque l'objet de cet article est précisément de faire connaître dans quel cas est possible la stipulation pour autrui.

Sans doute M. Laurent, par un détour assez compliqué, affirme qu'il procure l'équivalent de ce qu'il déniait

(1) La théorie de M. Laurent avait trouvé un certain écho en jurisprudence; elle avait été même consacrée par un arrêt de la Cour de Cassation : « L'individu qui contracte, soit une assurance mixte, soit une assurance simple, au profit de sa femme, nommément désignée dans la police, acquiert d'abord pour lui-même, puis transmet à sa femme, à titre de donation, conformément aux art. 1121 et 1973 C. Civ., le droit au capital assuré (Cass. req., 2 mars 1881, D. 81. 1. 401 ; cf. Douai, 9 juin 1886. D. 89. 1. 118).

d'abord, et il conclut assez hardiment de ce que la stipulation pour autrui n'est pas possible directement à cette affirmation que l'assurance au profit d'un tiers est valable. Mais, outre que rien n'autorise en fait à émettre la supposition du double contrat, il faut convenir que la solution proposée est loin de fournir l'équivalent de ce que l'art. 1121 donnait directement.

La cession au bénéficiaire du droit de créance fixé sur la tête du stipulant ne sera pas toujours possible : il faudra obtenir le concours de ce tiers. Et la plupart du temps, le stipulant aurait préféré laisser ignorer jusqu'à sa mort, au bénéficiaire comme à toute autre personne, le contrat passé, et cela, afin de réserver sa liberté.

Cette objection pratique, il est vrai, ne saurait retenir M. Laurent, puisqu'il la formule, au contraire, comme un argument théorique destiné à fortifier sa thèse. C'est lui-même qui l'écrit : si l'acceptation, pour une raison quelconque, n'a pas lieu avant la mort du stipulant, elle n'est plus possible ensuite; l'offre tombe, le lien juridique provenant du concours des volontés n'ayant pu se former. Et il invoque l'art. 1121 § 2e ; rien n'est acquis par le tiers avant son acceptation. Après, au contraire, le cas est tout autre, « celui qui a fait cette déclaration ne peut plus la révoquer, si le tiers a déclaré vouloir en profiter ».

Nous en sommes arrivés à l'argument suprême des défenseurs de la théorie de l'offre. M. Labbé l'avait mis admirablement en valeur : « On ajoute, écrivait l'éminent professeur, que la stipulation pour autrui a des conditions spéciales d'existence ; elle est accessoire, et se tient debout sans concours de la volonté du tiers, par la vertu du contrat principal qui est parfait. S'il en était ainsi, la loi ne déclarerait pas la stipulation pour autrui révocable jusqu'à ce qu'elle ait été acceptée par le tiers. Cette stipulation elle-même, quoique accessoire, exige deux volontés pour être parfaite. » (1)

Il faut reconnaître que la position ainsi prise paraît solide : trop longtemps, on se contenta de la tourner.

La jurisprudence accordait en principe que la déclaration d'acceptation est la condition essentielle, *sine qua non*, du droit lui-même. « Il faut que le tiers spécialement désigné par la police, déclare, dans un rapport à la Cour suprême, M. le conseiller Lemaire (2), ait déclaré vouloir profiter de la stipulation faite en sa faveur. Tant qu'il n'a pas fait cette déclaration, son droit n'est qu'éventuel, il n'est pas réalisé, il n'existe pas encore ». Seulement, on admet que cette acceptation donnée, postérieurement au décès même du stipulant, est valable ; c'est une condition de l'existence du droit qui rétroagit comme toute condition. Ou plutôt, comme on ne peut, malgré tout, oublier la différence radicale qui sépare la condition, considérée comme élément essentiel à la formation du contrat, de la condition, considérée comme simple modalité, on use d'une périphrase qui dispense d'autre justification

(1) Labbé, note au Sirey, 1877. 1. 393.
(2) Cass. 23 janv. 1889, S. 1889. 1. 353.

« l'acceptation rétroagit au jour du contrat, *à la manière* des conditions » ; ainsi s'exprimait, en 1884, avant le fameux arrêt rapporté au début de ce chapitre, M. le conseiller Crépon.

A quoi M. Labbé répondait immédiatement, dans une note insérée sous l'arrêt même (1), qu'il lui paraissait impossible d'attribuer un effet rétroactif à l'acceptation d'une offre : « Une condition accomplie rend rétroactivement efficace le contrat antérieur qui est en soi un acte juridique complet. L'acceptation d'une offre ne saurait rétroagir et faire remonter ses effets à l'offre qui est un simple commencement, une pierre d'attente, un élément qui en attend d'autres pour être parfait et efficace ».

Cette objection avait pleine valeur ; il restait donc une obscurité juridique à éclaircir.

M. Lambert, dans une thèse remarquable (2), eut le premier l'idée d'une attaque directe. Etait-il exact, se demande-t-il, que l'acceptation prévue par l'art. 1121 eût le sens absolu qu'on lui attribuait d'autorité ? Après un consciencieux examen de l'ancien droit, il conclut qu'elle n'était aucunement nécessaire pour faire naître un droit de créance stipulé directement au profit d'un tiers : ce droit a pris naissance par la seule vertu de la stipulation, et avant toute acceptation. Le § 2 de l'art. 1121 ne signifie donc pas du tout qu'il faille accepter une offre. Il est à

(1) Labbé, note sous Cass. 2 juillet 1884, S. 1885, 1. 5.

(2) Lambert. Thèse, 1893, *Du contrat en faveur des tiers*. §§ 71 sqq, pp. 81 sqq.

noter, du reste, que les rédacteurs du Code ont pris grand soin d'éviter le terme d'acceptation, prévoyant peut-être qu'il produirait une confusion ; ils ont écrit : « lorsque le tiers a déclaré vouloir en profiter ». Et cela signifie que le tiers, s'il a connaissance du droit qui lui est conféré, peut prendre possession par avance de l'avantage qui lui est fait.

Cette manifestation de sa volonté n'est pas pour lui dépourvue d'intérêt, puisqu'elle a pour effet, — et c'est là le sens de l'indication fournie par l'art. 1121, — d'enlever au stipulant le droit de « révocation » (1). D'autre part, elle n'est pas extraordinaire dans le système de nos lois ; on trouve des exemples de prises de possession de droits préexistants ; tel serait l'acte d'un héritier qui, ayant la saisine, pourrait encore, comme on l'a dit, renoncer au droit de renoncer.

Ainsi, on rend à l'art. 1121 sa valeur propre, et on peut véritablement parler de stipulation pour autrui. En même temps, on échappe aux inconvénients considérables que M. Laurent ne s'était point chargé d'éviter.

(1) On ne « révoque » que ce qui existe ; il suffit de « laisser tomber » ce qui n'est pas achevé. Nous avons donc là un nouvel argument. En revanche, ne pourrait-on formuler l'objection suivante à la théorie : si un droit est constitué directement sur la tête du bénéficiaire en vertu de la stipulation pour autrui, comment admettre que le stipulant puisse le révoquer ensuite par un acte unilatéral de sa volonté ? N'est-ce pas lui créer un pouvoir exorbitant ? Cette critique ne nous paraît pas fondée. Le droit révocable n'est pas une notion inconnue de notre législation. La théorie des donations nous offre au contraire un tableau complet des cas de révocabilité. Comme le fait observer M. Lambert (§ 88 *Thèse* préc.), nous trouvons dans la matière des donations entre époux, un cas beaucoup plus remarquable : l'art. 1096 C. civ., permet la révocation d'avantages dont le donataire a déclaré vouloir profiter.

Peu importe que la déclaration prévue par le § 2 de l'art. 1121 n'ait pas eu lieu avant le décès du stipulant. Si celui-ci n'a pas usé de son droit de révocation, le bénéficiaire possède un droit de créance contre la compagnie qui, s'il entend s'en prévaloir, remonte, quant à ses effets, au jour même de la conclusion du contrat. On ne peut formuler aucune objection contre une rétroactivité ainsi comprise, et l'assurance sur la vie voit son existence assurée.

Quelques auteurs avaient bien, il est vrai, prétendu pouvoir concilier la théorie du double contrat avec les exigences de la pratique (1).

Pour M. Thaller, une offre était faite au bénéficiaire, qu'il devait accepter pour que naquît sa créance : seulement cette offre, au lieu d'émaner du stipulant, lui était faite par l'assureur. Au moment de la conclusion du contrat, le stipulant, en échange de la promesse des primes annuelles, avait posé à la Compagnie cette question : Quand je mourrai, promettez-vous, si j'ai rempli mes engagements, d'offrir au tiers par moi désigné le bénéfice du contrat ? La réponse de la Compagnie constituait son engagement. Ainsi l'acceptation du bénéficiaire n'était exigible qu'au moment où l'assureur lui faisait connaître sa dette.

Laissons de côté ce que ce raisonnement a d'artificiel et de contraire à la réalité ; un grave inconvénient subsiste.

(1) Thaller. Note D. 1888. 2. 3, col. 2; Cf. Boistel. Note D. 1889. 2. 130, qui explique la stipulation pour autrui par une obligation alternative.

Si l'assureur manque à sa promesse, qui lui rappellera son engagement? Ce ne peut être le bénéficiaire, son droit n'est pas encore né, puisqu'il ne dérive que de son acceptation.

Le stipulant, d'autre part, n'est plus là. Il reste bien ses héritiers ; mais quel désintéressement, pour ne pas dire grandeur d'âme, ne leur faudra-t-il pas pour exiger l'accomplissement de l'acte qui les dépouille ?

Il nous paraît difficile de surmonter en pratique cette objection capitale. Du reste, nous l'avons suffisamment laissé entendre, nous croyons trouver un vice plus grave à la théorie de l'offre, qu'aucun perfectionnement ne pourra jamais couvrir, parce qu'il est inhérent aux prémisses mêmes sur lesquels on s'appuie. En décomposant, en deux contrats distincts, l'opération qui nous occupe, on méconnaît le caractère même de la stipulation pour autrui, on cherche à édifier une théorie qui pourrait se soutenir en législation, mais qui ne saurait prévaloir dans le système actuel de notre Code civil.

M. Lambert l'a établi jusqu'à l'évidence, le droit acquis directement à un tiers n'est pas un accident dans nos lois, c'est notre droit traditionnel, tel qu'il résulte du dernier état du droit romain, de la pensée et des solutions de nos auteurs du moyen âge. Pothier écrit, parlant d'un cas particulier de stipulation pour autrui, la donation avec charge, « le droit acquis au tiers est formé par le seul consentement du donateur et du donataire », et plus loin, parlant de l'acceptation du donataire principal, « par cette acceptation, il contracte envers le tiers, sans que ce tiers intervienne à l'acte, un engagement d'accomplir la charge dans son temps » (1).

En plus de présomptions très fortes, il existe une preuve matérielle que les auteurs du Code civil n'ont point abandonné la conception de Pothier. C'est l'art. 1165 C. civ. contre lequel viennent se heurter tous les systèmes qui veulent voir deux contrats distincts, en cas de stipulation pour autrui. Puisque cet article prend soin de noter que l'art. 1121 constitue une exception au principe général suivant lequel « les conventions n'ont d'effet qu'entre les parties contractantes », c'est, ou les mots n'ont plus de sens, que les cas visés par l'art. 1121 ne sont point soumis aux mêmes règles juridiques que ceux dont s'occupe l'art. 1165, et qu'en conséquence, contrairement au droit commun, la stipulation pour autrui, autorisée par cet article, procure une créance directe, non pas au contractant, mais au bénéficiaire étranger au contrat. Aux théoriciens de l'offre, mettant en avant le droit commun, c'est le cas de répondre, en invoquant l'art. 1165, que l'exception prouve la règle.

On peut donc considérer, comme définitivement acquis, en doctrine aussi bien qu'en jurisprudence, que la stipulation pour autrui est une opération qui ne saurait être scindée. Nous ne retiendrons du principe que sa conséquence, en ce qui touche l'assurance sur la vie: le bénéficiaire acquiert par le seul jeu du contrat intervenu

(1) Pothier. *Traité des obligations*, n° 73.

entre le stipulant et l'assureur, et indépendamment de toute acceptation de sa part, un droit qui n'est jamais entré, fût-ce un instant de raison, dans le patrimoine du stipulant. On peut parler, comme d'un principe établi, du « droit propre » du bénéficiaire (1).

Il importe peu que la désignation du bénéficiaire se trouve dans la police même ou dans un « avenant », modification au contrat primitif, proposée par le stipulant et acceptée par l'assureur. Le doute est impossible dans le cas où l'avenant met un nom nouveau de bénéficiaire, à la place d'une personne nommément désignée. Mais quand le contrat primitif était fait au profit d'un bénéficiaire indéterminé, de ses héritiers, de ses enfants nés ou à naître, l'avenant n'opère-t-il pas comme ferait une transmission de droits personnels ? Ne doit-on pas dire que le stipulant a d'abord traité pour lui, et qu'en con-

(1) Il ne faut pas se laisser émouvoir par une dispositon de loi du 23 juin 1875 ainsi conçue (art. 6) : Sont considérés, pour la perception des droits de mutation par décès, comme faisant partie de la succession d'un assuré sous la réserve des droits de communauté s'il en existe une, les sommes, rentes, ou émoluments quelconques dus par l'assureur à raison du décès de l'assuré. Les bénéficiaires à titre gratuit de ces sommes, rentes ou émoluments sont soumis au droit de mutation, suivant la nature de leurs titres et de leurs relations avec le défunt, conformément au droit commun ». Ce texte, qui paraît formel contre la thèse que nous soutenons, d'accord avec la jurisprudence, doit être considéré au point de vue tout spécial de la législation fiscale. Inséré dans une loi de finances, il ne saurait être appliqué en matière civile, ainsi que l'a déclaré le rapporteur, même au simple titre d'explication de la pensée du législateur. « Il n'y a pas lieu, écrit M. Garnier (*Rép. gén. de l'enregistrement*, v° *Succession*, n° 711), de chercher à mettre d'accord les principes nouveaux qu'édicte cette loi en matière d'impôt avec les prescriptions et les effets de la loi civile ; on doit l'appliquer, comme toute loi d'exception, dans la rigueur de ses termes, lors même qu'elle serait en contradiction avec la loi civile ». Aucun auteur, à notre connaissance, n'a tenté de prétendre le contraire.

séquence la créance du capital est entrée dans son patrimoine ? Il ne faut pas hésiter à répondre par la négative. L'avenant n'opère pas novation ; il s'incorpore si bien au contrat primitif que les clauses qu'il a pour objet de modifier sont considérées comme non avenues. « L'assuré, en stipulant, par le contrat originaire, au profit de ses héritiers ou ayants droit, se réservait ainsi, implicitement mais nécessairement, la faculté de désigner ultérieurement la personne à laquelle il entendait attribuer le bénéfice de l'assurance. Il suit de là que le contractant n'a jamais été créancier de la compagnie et que la créance dont il s'agit est censée avoir appartenu, dès le principe, au bénéficiaire (1).

Aucune exception ne vient donc affaiblir la portée d'un principe dont nous n'aurons plus maintenant qu'à envisager les conséquences.

Déjà nous avons indiqué à quelle occasion la Cour de cassation avait été amenée à l'établir, et comment il avait été appliqué à l'encontre des créanciers (2). Il est aisé de prévoir le parti qui pourra être tiré par un bénéficiaire d'assurances, en présence des réclamations des héritiers, du fait que le capital assuré n'est, à aucun moment, entré dans le patrimoine de celui dont on liquide la succession.

(1) Cass. Civ., 7 août 1888, S. 89. 1. 97. Cf. Paris, 10 janv. 1900. D. 1900. 2. 489. « Le bénéficiaire a un droit propre au bénéfice de l'assurance, encore bien qu'il n'ait été désigné que dans un avenant, l'avenant formant avec la police un tout indivisible, et n'ayant pas le caractère d'un acte de transmission. »

(2) V. p. 45 sqq.

CHAPITRE III

LE DROIT DES HÉRITIERS. — SOLUTION DE LA COUR DE CASSATION. — CRITIQUE DE L'ARRÊT DU 29 JUIN 1896.

Avant la révolution de doctrine opérée par l'arrêt de 1884, une seule solution pouvait être apportée aux conflits surgissant entre héritiers et bénéficiaires d'assurances. Le stipulant étant réputé n'avoir fait autre chose qu'offrir au tiers qu'il entendait gratifier une créance tombée, au moins un instant de raison, dans son propre patrimoine, laissait ce tiers bénéficiaire exposé, après acceptation, à l'action en réduction ou en rapport de ses héritiers, jusqu'à concurrence de la valeur de cette créance, c'est-à-dire de la totalité du capital versé par l'assureur. L'assurance, dès lors, perdait sa principale utilité, puisque le premier effet de la mort, contre les conséquences de laquelle le stipulant avait cru mettre l'un des siens à l'abri, était de faire rentrer à la masse commune, de façon parfois définitive, l'intégralité de la somme stipulée. Dans tous les cas où le mauvais état des affaires du *de cujus* n'autorisait point de libéralité prise sur le patrimoine, le bénéfice de l'assurance se trouvait entièrement perdu pour celui qu'avait désigné la prévoyante affection du défunt ; et c'était naturellement les cas où ce dernier eût le plus vivement souhaité que le capital assuré fût versé conformément à ses intentions. Les adversaires du système du double contrat ne manquaient pas de signaler combien singulière était l'analyse de la volonté des contractants qui aboutissait, en définitive, à un résultat diamétralement opposé à leur intention évidente. Mais, quelle que fût, au regard des praticiens, la valeur de cette objection de fait, elle n'avait guère retenu l'attention des magistrats qui appliquaient, dans la rigueur de ses conséquences, la théorie présentée par M. Laurent. « Lorsqu'il est reconnu, en fait, que la convention d'assurance, en vertu de laquelle des tiers déterminés ont reçu un capital, a, au regard de ceux-ci, le caractère d'une pure libéralité, ils doivent être tenus de rapporter à la succession du stipulant le capital qu'ils ont touché à titre gratuit (1) » ; un arrêt de Douai précisait encore davantage : « le montant même de la somme payée par la Compagnie (2) ». Dans le cas particulier où le bénéficiaire était la femme du stipulant, mariée sous le régime de la communauté, la libéralité n'était réductible que jusqu'à concurrence de la moitié du capital, l'autre moitié restant acquise à la femme comme constituant sa part dans un des fruits de la communauté (3).

(1) Cass. req., 21 juin 1876, D. 78, 1. 429.

(2) Douai, 14 fév. 1887, S. 88, 2, 49.

(3) Amiens, 25 février 1880, S. 81, 1. 337. Cf. Besançon, 15 déc. 1869, S. 70. 2. 201 ; Montpellier, 15 déc. 1873, S. 74. 2. 281 ; Seine, 23 juin 1875, cité par Couteau, II. 534 ; Rouen, 6 fév. 1878, S. 78. 2. 311 ;Paris, 26 nov. 1878, D. 79. 2. 152.

Qu'allait-il advenir, après la modification apportée par l'arrêt de la Cour de Cassation aux principes essentiels de l'assurance sur la vie ? Y aurait-il dans les rapports des héritiers avec les bénéficiaires le même renversement de jurisprudence qu'entre bénéficiaires et créanciers de la succession ? A ce dernier point de vue, il convient de préciser, maintenant, quelles avaient été les principales conséquences de la théorie nouvelle du droit propre. L'arrêt de 1884 (1), s'était borné à l'affirmation de principe que « les créanciers de la succession ne pouvaient saisir le capital assuré comme valeur successorale ». Une série de décisions rendues en 1888 (2), permet au contraire de dégager un véritable système, marqué par les points de repère suivants, qu'il paraît difficile de ne pas admettre (3) :

1°) N'ayant aucun droit à exercer sur le capital assuré, les créanciers ne peuvent pas atteindre indirectement le même résultat, en faisant tomber, par l'action paulienne, l'attribution du bénéfice de l'assurance à un tiers. Sans qu'il soit besoin d'examiner, en effet, si l'art. 1167, étant donné qu'il s'agit d'un acte à titre onéreux, peut être invoqué en dehors des cas où il y a fraude des deux parties (4),— et on prouverait difficilement l'intention d'une compagnie

(1) V. *suprà*, p. 45.
(2) Cass. 10 janv., 6 févr., 8 févr., 27 fév., 27 mars 1888, S. 88.1.121.
(3) V. cependant Heck : *l'Assurance sur la vie et la donation à cause de mort* ; *Rev. gén, de droit* 1891 ; Flurer, *Rev. crit.*, 1897, p. 344 ; Duhaut ; *Gaz. du Palais*, nos des 7 et 8 janv. 1898.
(4) Cf. Lefort. II, p. 279.

d'assurances de nuire à des créanciers qu'elle ignore ! — une considération s'impose, de toute évidence, c'est qu'il est impossible de parler d'un préjudice dont pourraient arguer les créanciers. « La stipulation d'une assurance au profit d'un tiers, comme le dit fort justement M. Dupuich, ne constitue de la part du stipulant, ni un refus d'acquérir, ce qui d'ailleurs ne serait pas un élément de préjudice dans le sens où l'exige l'action paulienne, ni, à plus forte raison, une aliénation proprement dite : le capital assuré n'ayant jamais appartenu au contractant » (1).

Lors donc que celui-ci est attribué à un tiers par la police, ou même par un avenant, le contractant ne l'enlève pas pécuniairement à ses créanciers ; ceux-ci ne peuvent en conséquence songer à faire rentrer dans le patrimoine de leur débiteur un bien qui n'en est jamais sorti.

Or, l'art. 1167 n'a point d'autre champ d'application.

2o) L'art. 1166 ne permet pas davantage aux créanciers, dans le cas où le tiers n'a pas encore accepté, d'user du droit de révocation appartenant au stipulant. Il y a là, en effet, une faculté strictement personnelle, et son emploi par d'autres que celui auquel la réserve spécialement l'art. 1121, ne saurait être autorisé sans rendre illusoire le droit propre du bénéficiaire d'assurance (2).

(1) Dupuich. *Traité*, p. 409, sqq.

(2) La jurisprudence, malgré quelques hésitations, paraît définitivement fixée en ce sens : Epernay, 17 août 1882, D. 83.3.71 ; Rouen, 6 avr. 1895, D. 95.2.545 ; Paris, 10 mars 1896, S. 98.2.245. V. cep. en sens contraire : Douai, 10 déc. 1895, S. 98.2.243, arrêt frappé d'un pourvoi admis par Req., 24 févr. 1897, *J. Ass.*, 97, 205.

3o) Le même article autorise-t-il en revanche, dans un cas où il n'y a pas de tiers bénéficiaire, soit parce que le stipulant lui-même a révoqué la désignation qu'il en avait faite, soit plus simplement par l'effet direct du contrat attribuant le capital au contractant ou à ses héritiers naturels, l'exercice par les créanciers du droit de rachat ?

Nous avons déjà eu l'occasion de signaler l'option offerte par les Compagnies aux contractants qui ne veulent plus payer leurs primes entre une continuation de l'assurance, le capital assuré étant seulement réduit, et une cessation immédiate de tout lien de droit, moyennant le versement d'une certaine somme par la Compagnie.

En fait, les deux termes de l'option ne sont pas placés sur la même ligne ; le rachat n'est accordé que subsidiairement, devant la volonté formellement exprimée du contractant, de ne pas laisser réduire son capital assuré. Dans ces conditions, le droit de réclamer le rachat ne peut être accordé aux créanciers, puisqu'il s'agit d'une simple faculté pour leur débiteur, et que l'art. 1166 ne parle que d'exercice de « droits ». Pour traduire en langage pratique : les créanciers ont pu, en accordant leur crédit au débiteur, escompter que, faute de paiement des primes, l'assurance serait réduite ; ils pourraient donc arguer qu'on leur enlève une sûreté, si on prétendait leur dénier le droit d'exiger la réduction, au cas où la Compagnie voudrait s'y refuser ; ils ne peuvent au contraire se plaindre, si leur débiteur n'entend pas user de la faculté qu'il avait de demander le rachat.

4°) Dans une hypothèse plus fréquente encore, en cas de faillite, les créanciers n'acquièrent aucun droit spécial de faire tomber la désignation, ou de se faire attribuer le bénéfice de l'assurance. La créance ayant été fixée directement, et dès l'origine, sur la tête du tiers, on peut dire que le patrimoine du failli ne s'en trouve pas amoindri ; il en résulte qu'en pleine faillite, un stipulant peut conclure un contrat d'assurance valable, sauf pour le syndic à examiner si la stipulation ne constitue pas une manœuvre frauduleuse. Le principe que le capital est acquis définitivement au bénéficiaire est si fort que, dans le cas même où ce bénéficiaire est la propre femme du failli, l'indemnité versée par la Compagnie échappe aux restrictions, contenues dans le Code de commerce, qui paralysent les droits de la femme du commerçant déclaré en faillite.

Le capital assuré se trouve donc, dans les multiples applications de la pratique, dans les hypothèses même qui paraissaient les moins justifiables, soustrait à toute réclamation des créanciers. Mais ce n'est pas à dire que ceux-ci n'aient aucun droit à exercer. La somme versée par la Compagnie n'a pas été distraite de leur gage général ; soit ! Mais d'autres sommes ont été distraites, qui ont servi à leur débiteur à exécuter ses engagements envers la Compagnie : ce sont les primes, dont le total constitue bien exactement le montant de l'appauvrissement dont ils ont droit de demander compte à leur débiteur. Aucune hésitation ne s'est produite : seulement, en appliquant ce nouveau principe, les arrêts de 1888, ont apporté un tempérament important, et, à notre avis, nécessaire autant que légitime.

Aux créanciers qui se prétendent lésés, la Cour de Cassation n'ordonne qu'il soit fait rapport de la valeur des primes que « suivant les circonstances », c'est-à-dire dans les seuls cas où — pour nous servir d'une formule sur laquelle nous aurons à revenir longuement, — leur sortie du patrimoine du stipulant a été cause pour celui-ci d'un véritable appauvrissement, c'est-à-dire lorsque ces primes ont été prélevées non sur ses revenus annuels, mais sur son capital. Car c'est le capital du débiteur qui constitue le gage général du créancier ; il faut l'admettre, sous peine de prétendre que la loi a voulu un contrôle minutieux et impossible des dépenses journalières de tout homme qui a une dette.

En résumé, c'est donc l'appauvrissement du débiteur qu'il importe uniquement de considérer, que ce soit pour décider que le créancier n'a aucun droit sur le capital assuré, puisqu'il n'a jamais fait partie de son gage général, — un gage devant reposer sur des réalités, et non sur des espérances de gain — ; que ce soit également pour distinguer, parmi les primes qui sont sorties du patrimoine, celles qui, « dans certaines circonstances », ne doivent pas être mises en ligne.

La doctrine du droit propre qui avait permis d'apporter ces solutions définitives en ce qui concerne les droits des créanciers, ne devait-elle pas être aussi féconde pour trancher les différends des héritiers avec les bénéficiaires d'assurances ?

L'analogie semblait l'exiger. Un point, en tout cas, paraissait hors de doute, c'est qu'en rejetant la théorie de l'offre, en refusant d'admettre que le capital assuré sortait du patrimoine du *de cujus*, pour entrer dans celui du bénéficiaire, la Cour de Cassation s'était interdit le droit de s'en référer purement et simplement à sa jurisprudence antérieure. Cependant, et sans motiver sa décision, la Cour continuait à exiger l'entrée en ligne de compte, pour le calcul de la réserve, comme pour le rapport, du capital stipulé par la Compagnie (1).

Dans une note insérée au Sirey, M. Crépon s'inquiétait, il est vrai, des reproches qui pourraient être adressés au sujet de cette décision. Mais sa réponse, peu topique, paraissait établir simplement la légitimité du rapport et de la réduction dans le cas d'une assurance, alors que la véritable question était de savoir sur quelles sommes devaient porter cette réduction et ce rapport : « Si les effets du contrat d'assurance sur la vie, écrit en effet l'éminent magistrat, doivent correspondre aux intentions de ceux qui les forment, et permettre au stipulant d'assurer à la personne désignée le bénéfice du contrat, il ne peut cependant se faire qu'à l'aide de l'assurance sur la vie, le père de famille puisse porter atteinte au grand principe de l'égalité des partages et constituer on ne sait quel droit d'aînesse déguisé » (2).

(1) Cass. civ., 8 février 1888, S. 88. 1. 121 et note Crépon, *id*. V°. p. 124.

(2) Dans une note insérée au Dalloz (D. 1888. 1. 193) et « exprimant avec autorité la pensée même de la Cour de Cassation », on ne trouve pas d'autre éclaircissement. A quel titre le bénéficiaire est-il saisi ? « A

Ce n'est pas là l'explication, encore moins la justification capable d'arrêter l'ardente campagne de doctrine menée contre les « inconséquences » et les « contradictions » de la Cour suprême (1). M. Boistel, commentant l'arrêt du 8 février 1888 constatait que ses motifs étaient « tout à fait avares de raisons juridiques » et cherchait à déchiffrer « l'énigme posée » (2). M. Labbé (3) n'admettait pas du tout qu'on pût apporter, pour les héritiers, une solution distincte de celle admise pour les créanciers : « Le contrat d'assurance doit être dominé par cette idée que nous empruntons à un arrêt de la Cour de Cassation (*l'arrêt de* 1884) : le capital que paie l'assurance ne doit pas être considéré comme sortant du patrimoine de l'assuré contractant ; la seule chose qui ait été débourséepar lui, ce sont les pri-

titre de libéralité pure et simple, libéralité sans laquelle la somme due à raison des primes exactement versées par le stipulant, se serait trouvée comprise en son patrimoine, lors de son décès. S'il en est ainsi, ne voit-on pas surgir le lien de droit qui va donner aux héritiers, légataires ou donataires, non bénéficiaires de l'assurance, la faculté de demander que la somme assurée soit rapportée ou réunie fictivement à la succession, conformément aux règles établies par la loi pour le partage des successions. Ce lien de droit, c'est le principe de l'égalité des partages qui ne peut recevoir d'atteinte que dans la mesure déterminée par la loi elle-même. » L'auteur de la note affirme, il est vrai, un certain scepticisme quant à la valeur de son argumentation qui, écrit-il, « explique et justifie, *peut-être*, les solutions diverses données par la Chambre civile ».

(1) V. Greffier, Note, D. 88. 1. 196. ; Dubois, *J. des Ass.* 1888 p. 230; Thaller, *Ann. de droit Comm.*, 1888, p. 197 et 1889, p. 240 ; Naquet, S. 1889. 2. 17 (Note sous Aix, 20 mars 1888) ; Deslandres, *Bull. de la Soc. de législ. comparée*, 1891, p. 372 ; Dupuich, D. 92. 2. 153 (note sous Paris, 30 avril 1891) ; Lefort. *Traité*, II, p. 329.

(2) Boistel, Note au Dalloz, 1889. 2. 155.

(3) Labbé, Note au Sirey, 1888. 2. 51 Cf. Labbé, Note au Sirey. 90. 1. 6, col. 3.

mes qu'il a payées ; le surplus du capital est un capital créé et qui représente les chances courues par l'assureur. Les créanciers, les héritiers ne peuvent prétendre que ce capital créé soit enlevé au bénéficiaire. Donc, en ce qui concerne le rapport, la réduction, la protection des créanciers frustrés, le rétablissement des primes dans le patrimoine de l'assuré donne entière satisfaction à l'équité et aux principes du droit civil ».

Plusieurs arrêts de Cour d'appel se rangeaient à cet avis (1), et déclaraient que le droit des héritiers, pas plus que celui des créanciers, ne peut se fixer sur une valeur qui n'est jamais entrée dans la composition du patrimoine (2).

En 1896, la question était portée à nouveau devant la Cour de cassation qui, cette fois, revenait sur sa jurisprudence et, faisant sien le point de vue qui lui avait été proposé, admettait, comme une conséquence nécessaire de sa théorie antérieure, que la quotité disponible ne devait pas être calculée par les héritiers sur le capital de l'assurance (3).

(1) Rennes, 9 févr. 1888, S. 89. 2. 121; Nancy, 18 févr. 1888, S. 90. 2. 27 ; Bourges, 7 mai 1888, S. 89. 2. 16; Paris, 30 avr. 1891, S. 91. 2. 189.

(2) M. Lockroy, étant Ministre du Commerce, avait préparé et déposé, le 2 juin 1887, sur le bureau de la Chambre, un projet de loi donnant aux Compagnies d'assurances sur la vie le droit de se former sans autorisation du gouvernement, moyennant certaines garanties. L'article 14 de ce projet contenait la disposition suivante : « La somme stipulée payable par suite du décès appartient à la personne désignée dans le contrat sans préjudice des règles du droit civil relatives au rapport et à la réduction, *du chef des versements faits par l'assuré* ».

(3) Cass., 29 juin 1896, D. 97. 1. 73. Un arrêt de la Cour de Paris donne un peu plus tard la même solution, en termes formels, en ce qui

L'arrêt, à vrai dire, contenait une certaine obscurité, quant à la contre-partie nécessaire, à l'entrée en ligne de compte de la valeur des primes. Mais c'est que la demande en réduction n'avait point porté sur ce point ; l'arrêt d'appel le constate, « la question n'est pas celle de savoir si le montant des primes doit, à défaut du capital produit par ces assurances, être réuni fictivement à la masse successorale pour le calcul de la réserve » ; il n'y avait, quant aux primes, qu'une question de rapport réel à succession, en application de l'art. 843 du C. civ.

La Cour, sans doute, refusa d'ordonner le rapport ; mais sa pensée n'en apparaît pas moins certaine ; elle ne maintient les primes au bénéficiaire de l'assurance que parce qu'en l'espèce la demande de rapport avait été introduite par une personne qui n'avait pas, avec elle, la qualité de cohéritier. *A contrario*, il résulte que, dans tous les cas où la loi exige le rapport, le bénéficiaire doit tenir compte à son cohéritier de la valeur des primes payées par le *de cujus* à l'assureur (1) ; réserve étant faite encore de

concerne le rapport à succession : « Le bénéfice de l'assurance n'est pas soumis aux règles du rapport et de la réduction... les primes peuvent, suivant leur importance, provoquer l'application des règles sur le rapport et sur la réduction ». (Paris, 5 mai 1899, *J. Ass.*, 1900, p. 165).

(1) En ce qui concerne la demande en réduction des primes, que l'arrêt de 1896, n'avait pas eue à envisager, elle a été accueillie dans d'autres espèces. Cf. d'abord : Paris 5 mai 1899, cité p. précéd ; en outre Paris, 10 janv. 1900 (D. 1902. 2. 489) : « Les héritiers du mari, ne sauraient, pour le calcul de la quotité disponible, exiger qu'on réunisse fictivement à la masse successorale le capital assuré, lequel est étranger à l'hérédité.. Les héritiers du mari sont donc fondés à demander le rapport fictif des primes, sauf à limiter ce rapport à la moitié de ces sommes si les primes ont été payées par le mari, commun en biens, au moyen de deniers de la communauté qui auraient appartenu pour moitié à la femme ».

« certaines circonstances », comme dans le cas analogue des réclamations des créanciers.

Telle est bien, en effet, la pensée maîtresse dégagée dans l'arrêt de la Cour de cassation, reprise et précisée dans les arrêts postérieurs des Cours d'appel (1) : la situation des héritiers serait absolument identique à celle des créanciers. Les droits des uns comme des autres seraient limités par la théorie du droit propre du bénéficiaire d'assurances.

Aujourd'hui, malgré l'opposition de quelques Cours (2), qui n'a guère rencontré d'écho, on peut dire qu'il existe enfin une « solution de jurisprudence » à la question si longtemps controversée.

Quelle en est la valeur, au point de vue doctrinal ? Pour l'apprécier, nous croyons devoir, — en songeant surtout à l'arrêt de 1896, dont le retentissement a été si considérable, — distinguer deux parties dans l'œuvre de la jurisprudence, l'une négative, consistant en une critique des solutions antérieurement acceptées, et qui nous paraît excellente, l'autre positive, et qui est, à proprement parler, la solution nouvelle, à laquelle nous sommes tout disposé à nous rallier, mais qui nous semble, quant à présent, imparfaitement déduite, et insuffisamment justifiée.

L'arrêt de 1896 perce à jour, de façon définitive, le vice des raisonnements boiteux tolérés en 1888 ; étant données les prémisses suivantes : la libéralité faite à un bénéficiaire

(1) Paris, 5 mai 1899, 10 janv. 1900 déj. cit.

(2) Douai, 16 janv. 1897, *J. Ass.*, 97, p. 128 ; Amiens, 18 mai 1897 *J. Ass.*, 97, p. 128 ; Rouen, 29 mai 1897, *J. Ass.*, 97 p. 522.

par le moyen d'une Compagnie d'assurances sur la vie, doit être soumise au rapport et à la réduction, au même titre que toute autre donation, on prétendait qu'il fallait conclure nécessairement : le capital payé par la Compagnie à ce bénéficiaire est rapportable, en réalité ou fictivement.

Un moyen terme est pourtant nécessaire ; pour édifier le syllogisme, il faut pouvoir intercaler la proposition suivante : le capital payé par la Compagnie *est* le montant de la libéralité faite au bénéficiaire. Or, depuis 1884, une telle affirmation n'est plus possible *à priori* ; il n'y a plus identité entre la valeur de l'objet « donné » et celle de l'objet « reçu », comme lorsqu'on admettait que le donateur, avant de se dépouiller du bénéfice de l'assurance, l'avait possédé un instant, sous forme d'un droit de créance, dans son propre patrimoine.

Pas plus donc, quand il s'agit d'un héritier, que lorsqu'il s'agit d'un créancier, on ne peut, depuis que la théorie du « droit propre » s'est imposée, conclure directement à la restitution d'un capital qui n'a jamais fait partie du patrimoine *de quo unice agitur*. Et c'est pourquoi nous souscrivons entièrement aux attendus suivants de l'arrêt de 1896 : « Attendu que le droit de créance né du contrat contre l'assureur est personnel au bénéficiaire, ne repose que sur sa tête, et ainsi ne constitue pas une valeur successorale ; qu'en effet le capital assuré n'existe pas dans les biens du stipulant durant sa vie, puisque ce capital ne se forme et ne commence d'exister que par le fait même de la mort du stipulant, et que, d'un autre côté, le contrat n'en attribue à celui-ci ni le bénéfice personnel, ni la disposition, et ne lui laisse que la faculté de rendre nuls les effets de la convention par le non-paiement des primes, au cas où elles ne seraient pas payées par d'autres, ou de révoquer la stipulation, si elle n'avait pas été acceptée par le tiers-bénéficiaire... » ; ces considérants, dans leur concision substantielle, constituent la base solide sur laquelle devra s'édifier dorénavant toute théorie.

Mais à quoi aboutit la Cour de Cassation ? Elle procède immédiatement à la déduction suivante : « Attendu que le capital stipulé, n'ayant jamais fait partie du patrimoine du stipulant, ne saurait, par suite, entrer en ligne de compte pour le calcul de la réserve ». Le raisonnement est fini ; cet « attendu » constitue toute la théorie nouvelle, l'affirmation que l'on oppose aux affirmations antérieures.

Une seconde fois, il nous semble que la Cour s'est montrée « avare de motifs juridiques » (1). Il était impossible de déduire, de la constatation d'une libéralité faite à un bénéficiaire d'assurances, que le capital par lui perçu doit entrer en ligne de compte, c'est parfait ! Mais, de l'impossibilité d'une affirmation *à priori*, est-il légitime de conclure, sans examen, *à priori* aussi par conséquent, à l'absurdité de la thèse ?

Si encore, nous devions nous contenter d'un résultat

(1) V. *suprà*, p. 69.

purement négatif, on pourrait l'admettre. Mais ce n'est pas le cas : la solution n'est éliminée que pour faire place à une affirmation contraire, que l'on se croit ainsi dispensé de justifier. Il ne faut pas oublier, en effet, que toute la théorie ne tient pas dans les quatre lignes susmentionnées, mais qu'elle appelle un corollaire, qu'elle contient virtuellement un complément : l'entrée en ligne de compte des *primes* procède immédiatement du refus d'examiner si le capital représente la valeur de la libéralité ; une négation engendre une affirmation.

Certains interprètes ont essayé, il est vrai, d'une argumentation captieuse pour expliquer qu'il ne pouvait être question du capital assuré, sous peine de risquer d'aboutir à une contradiction injustifiable entre les droits des héritiers et ceux des créanciers, tels que nous les avons établis. Ainsi raisonnent évidemment tous les auteurs qui blâmaient les « inconséquences » de la Cour suprême en 1888, et qui trouvent que le revirement de la jurisprudence se justifie de lui-même. C'est l'opinion de M. Lefort, qui fait, en ces termes, l'historique de la question depuis 1888 (1) : à cette époque, « contrairement à l'attente de tous les jurisconsultes qui comptaient sur une solution en rapport avec les principes précédemment proclamés, la Cour de cassation a décidé que si le capital assuré n'est jamais entré dans le patrimoine du stipulant, l'attribution faite à une personne déterminée n'en constitue pas moins

(1) Lefort. Note sous Cass., 29 juin 1896, *Pand. fr.* 1897. 1. 113.

une libéralité indirecte, à laquelle sont applicables les règles générales concernant les rapports, soit qu'il s'agisse d'assurer l'égalité des partages entre cohéritiers, ou de déterminer, à l'égard des réservataires, légataires et donataires, le montant de la réserve ou de la portion disponible. Cet arrêt était en contradiction avec les décisions par lesquelles la Cour suprême avait nettement affirmé que la créance contre la Compagnie, ayant été acquise dès le jour même du contrat par le bénéficiaire, n'a jamais fait partie des biens du stipulant..... Aussi était-il permis de compter sur un revirement de jurisprudence.... L'espoir que l'on formait n'a pas été déçu »....; la décision de 1896 « donne à la doctrine de la Cour de cassation, en matière d'assurance sur la vie, le caractère d'unité qui lui manquait ».

Cette argumentation nous semble avoir plus d'apparence que de solidité. Il ne faut pas confondre défaut d'harmonie avec contradiction. Est-il contradictoire de supposer deux solutions différentes pour les réclamations des créanciers et pour celles des héritiers? Voilà toute la question.

Or, d'excellents esprits pensent qu'elles se pourraient au contraire fort bien concilier (1). M. Boistel, dans une très intéressante dissertation (2), sur laquelle nous aurons à revenir, déclare parfaitement admissible, — des principes dissemblables devant aboutir à des conséquences dif-

(1) Chavegrin. *L'assurance sur la vie, d'après les derniers arrêts de la Cour de Cassation. Gaz. des Trib.* du 4 nov. 1888. Cf. Boucher, *Thèse*, p. 15.

(2) Boistel. Note sous Nancy, 17 janv. 1888, D 89. 2. 155 col. 2.

férentes, — qu'un bien soit dans le patrimoine au regard des héritiers, sans y être au regard des créanciers.

La question, en tout cas, est discutable. Et M. Boistel indique le véritable terrain sur lequel elle doit être tranchée ; il faut remonter aux principes. C'est à ce point de vue que nous attendions une justification de la thèse de la jurisprudence : qu'on nous démontre l'analogie parfaite des deux situations ! qu'on établisse que les droits des créanciers et ceux des héritiers ont la même cause juridique !

Nous touchons au nœud de la difficulté. Le fondement du droit des créanciers ne prête pas à la discussion. Comme nous l'avons rappelé (1), il dérive du gage général établi au profit des créanciers sur tous les biens composant le patrimoine de leur débiteur. Le capital assuré n'en a jamais fait partie ; ce n'est donc que sur les primes qui, elles, ont fait partie intégrante du patrimoine que peut porter leur droit de recours. Les héritiers ont-ils un gage général de cette sorte ? Qui pourrait le prétendre ? L'action en réduction, qui offre le plus d'analogie avec le droit des créanciers, — encore qu'il y ait des différences importantes, la fraude par exemple, n'ayant point à être prouvée, comme pour l'exercice de l'action paulienne, — ne permet de critiquer la libéralité que lorsqu'elle dépasse une certaine proportion. Quant au principe du rapport, la plupart des auteurs le font reposer sur l'idée toute diffé-

(1) V. *suprà* pp. 66.467

rente de l'égalité à établir entre cohéritiers. Dans ces conditions, on ne peut plus affirmer en principe que cela seul, dont le donateur s'est appauvri, doit entrer en compte. On ne peut plus formuler ce raisonnement théorique que nous déclarions indiscutable quand il s'agissait des créanciers.

Il faut donc abandonner le désir d'analogie, pour examiner la nature même de la réserve et du rapport, afin d'en faire dériver ensuite les règles à appliquer. Comme l'avait très bien vu M. Lambert, dans son étude sur *la Stipulation pour autrui* (1), « le problème ne saurait être tranché par la seule application des idées directrices qui régissent la stipulation pour autrui, on doit le résoudre d'après les principes généraux du rapport et de la réduction ».

Si l'on persistait au contraire à vouloir admettre, comme se suffisant à elles-mêmes, les déductions formalistes de la jurisprudence, on aboutirait à une conclusion aussi étrange qu'impossible à admettre.

Il n'y a qu'à pousser un peu plus loin le mécanisme du raisonnement. Si le fait que « le capital stipulé n'a jamais fait partie du patrimoine du stipulant », est une raison suffisante pour déclarer « qu'il ne saurait entrer en ligne de compte pour le calcul de la réserve » (2), non plus que du rapport, il faut reconnaître également que les primes fournies par le stipulant, n'ayant jamais fait partie du

(1) Lambert, p. 130.
(2) Arrêt du 29 juin 1896, V. *suprà*, p. 74.

patrimoine du bénéficiaire, il est impossible d'exiger de ce dernier qu'il les restitue.

Ce n'est point là un simple paradoxe. En l'absence d'un principe directeur, l'arme fournie au bénéficiaire se révèle à double détente. A l'héritier qui se plaint de n'avoir pas la part de succession que la loi lui réserve, au co héritier qui réclame un rapport, le bénéficiaire peut refuser le capital, parce qu'il le tient non du *de cujus*, mais de l'assureur, et les primes, à plus forte raison encore, parce qu'il ignore ce qu'elles sont, ne les ayant jamais encaissées.

Cet aboutissant est si logique qu'un des auteurs, qui ont soutenu avec le plus d'ardeur la théorie nouvelle de la jurisprudence, en arrivait à la formuler tout récemment. M. Badon-Pascal écrivait : « L'on comprend la lutte en faveur du droit de réserve des héritiers et du rapport, quand il s'agissait du capital assuré qui représentait la somme effectivement reçue par le bénéficiaire ; elle est incompréhensible quand il s'agit des sommes encaissées par un assureur, comme condition du contrat. Ce ne sont pas ces sommes qui profitent au bénéficiaire, qui constituent la libéralité, si libéralité il y a... la conclusion s'impose, il est impossible de lui faire rapporter ce qu'il n'a pas reçu, et souvent plus qu'il n'a reçu (1) ».

La conclusion dernière est qu'il n'y aurait plus, en matière d'assurance, ni réduction, ni rapport. Cela n'émeut point du reste, outre mesure, M. Badon-Pascal, dont l'avis en cette matière est que « certainement, le principe

(1) Badon-Pascal, *J. des Ass.*, 1900, p. 177.

de l'égalité dans les partages de successions est respectable, dans notre pays du moins, mais qu'il y a des principes généraux de droit français et de droit international qui lui sont supérieurs. » (1)

On aimerait à voir formuler avec quelque précision ces principes supérieurs qui permettent de faire échec à deux règles fondamentales de notre Code civil !

Pour nous, qui entendons rester sur le terrain des réalités juridiques, nous nous refusons, même par cette voie détournée, à demander aux tribunaux de reprendre l'œuvre de la magistrature prétorienne, et de créer spontanément des exceptions formelles aux textes de la loi. Du reste, les tribunaux ne sont pas disposés du tout à entrer dans la voie que certains voudraient leur ouvrir. Avons-nous besoin de rappeler les nombreux arrêts constatant que les règles de la réduction et du rapport gouvernent toutes les libéralités, directes ou indirectes, et qu'aucune exception ne peut être faite, dans le système actuel de nos lois, en faveur de l'assurance sur la vie, si intéressante soit-elle, et si digne d'encouragement? (2)

(1) Badon-Pascal. *Id.*, p. 173. Cf. Thaller, *Réforme sociale*, 1897, 2. p. 893. « La jurisprudence nouvelle n'a de prix que si la franchise de restitution, reconnue pour le montant du capital, doit s'étendre aux primes elles-mêmes. Du moment que la somme assurée ne compte pas dans la succession, les primes ne doivent pas non plus en faire partie ; elles seront exemptes de rapport et de réduction ».

(2) V. *suprà* p. 62. Cf. Paris, 5 mai 1899, *J. Ass.* 1er mai 1900, p. 165 ; Paris, 10 janv. 1900, *id.* p. 170. V. surtout : Cass., 26 mars 1884, S. 86. 1. 422 : « Si les libéralités stipulées pour autrui, dans les termes de l'art. 1121 C. civ., ne sont pas soumises aux formes des donations directes, elles n'en constituent pas moins, dans les rapports du stipulant et du tiers bénéficiaire, de véritables donations ».

Il faut sortir de l'impasse où aboutit fatalement la théorie de la jurisprudence ; au surplus, les données du problème sont actuellement bien nettement posées.

La difficulté qu'il faut avoir le courage d'aborder en face, et de trancher, se présente comme un cas particulier d'une question dont les termes généraux sont les suivants : qu'est-ce qui constitue le montant d'une libéralité ? Ce qui sort du patrimoine du donateur ? Ou ce qui entre dans celui du donataire ? Ce qui est donné ? ou ce qui est reçu ? Dans les cas de donation directe, la question ne se pose pas, puisque la libéralité ne sortant d'un patrimoine que pour entrer dans l'autre, la valeur reçue est identiquement la valeur offerte. Chaque fois, au contraire, qu'il existe un intermédiaire, dans tous ces cas, bien connus des auteurs, où l'on dit qu'il y a libéralité indirecte, l'identité des deux valeurs ne peut se produire qu'exceptionnellement.

Le plus souvent, l'appauvrissement du donateur sera différent, en plus ou en moins, peu importe ! de l'enrichissement du donataire.

Or, laquelle de ces deux valeurs est visée par les art. 843 et 920. C. civ. ? On ne peut se tirer d'affaire, comme le voulaient ces auteurs dont nous venons de rapporter l'opinion, en déclarant que, le cas prêtant au doute, les héritiers perdent leurs droits sur l'une comme sur l'autre. « Les avantages, même indirects, sont sujets à rapport », établit Pothier (1). Tous nos auteurs modernes

(1) Pothier. Introduction au titre XVII de la *Coutume d'Orléans*, n° 77. Cf. Lebrun, *Des Successions*, liv. II, ch. 3, sect. 5, n° 15.

font la même constatation, en ce qui concerne les droits des réservataires; on ne doit pas s'arrêter à la forme sous laquelle la libéralité a été exercée. « Ainsi les donations, déguisées sous l'apparence de contrats à titre onéreux, les avantages résultant de stipulations faites au profit d'un tiers, les dons manuels, et les remises de dettes sont soumis à la réunion fictive, comme les donations faites en la forme ordinaire, ou par contrat de mariage (1) ». Si certaines libéralités peuvent être soustraites aux règles de forme des donations, aucune ne peut donc l'être aux règles de fond.

Parmi ces règles, il n'en est pas de plus essentielle que celle que nous venons d'énoncer, d'après MM. Aubry et Rau. Certains articles de notre Code interdisent du reste toute discussion à ce sujet (art. 853 et 854; art. 1973).

Mais, en prescrivant la réduction ou le rapport, dans ces hypothèses particulières, les auteurs du Code civil n'ont pas précisé ce sur quoi il devait porter. D'autre part, on ne peut répondre d'un mot, comme lorsqu'il s'agissait des droits des créanciers, où de toute évidence l'appauvrissement du débiteur était seul intéressant.

C'est donc par un examen attentif de la nature même des droits de réduction et de rapport que nous pourrons résoudre définitivement l'intéressant cas particulier posé dans cette variété de donation indirecte qui s'appelle l'assurance sur la vie.

(1) Aubry et Rau, VII, 4e édit., p. 188, § 684. Cf. Demolombe, XVI, n° 324 ; XIX, n° 316 sqq ; Laurent XV, n° 560.

CHAPITRE IV

L'APPAUVRISSEMENT DU DONATEUR ET LE DROIT DE RÉDUCTIONS DES HÉRITIERS.

L'art. 516 du nouveau Code civil allemand est ainsi conçu : « Une disposition, par laquelle une personne enrichit une autre de *valeurs de son patrimoine*, est une donation, lorsque les deux parties conviennent qu'elle est gratuite. Si cette disposition a lieu sans le concours de l'autre personne, le disposant peut impartir au bénéficiaire un certain délai pour prendre parti sur l'acceptation. A l'expiration de ce délai, la donation est réputée acceptée, si elle n'a pas été refusée. En cas de refus, *la restitution de ce qui a été donné* peut être exigée, d'après les règles établies pour la restitution de l'enrichissement indû ». L'art. 517 ajoute : « *Il n'y a pas de donation quand, au profit d'une autre, une personne néglige d'acquérir certains biens,* ou renonce à un droit échu, mais non encore définitivement acquis, ou répudie une succession, ou un legs ».

Voilà une réponse précise à la question à laquelle nous aboutissions à la fin du chapitre précédent. Avec des textes aussi formels aucune hésitation n'est possible : peu importent les conséquences plus ou moins rapprochées d'un acte fait dans une intention libérale, cela seul dont le donateur s'est appauvri, ou, pour préciser encore davantage, — car le manque à gagner même ne doit pas entrer en ligne de compte, — cela seul qui est sorti effectivement de son patrimoine, constitue sa « donation ». Tout le reste n'est qu'avantage indirect, et n'intéresse point le juriste, en tant, tout au moins, qu'il se préoccupe d'appliquer les règles des donations. Dès lors, il devient superflu de parler de la « valeur » de la donation. La donation n'a qu'un aspect unique, l'appauvrissement du donateur.

Nos Codes ne nous fournissent pas de règle aussi clairement exprimée. Cependant, nous croyons qu'en cette matière, comme en beaucoup d'autres, le législateur allemand n'a fait que reprendre, en le précisant, le système de notre droit français, contenu en germe dans l'art. 894 C. civ., « La donation entre vifs est un acte par lequel le donateur *se dépouille* actuellement et irrévocablement de *la chose donnée*, en faveur du donataire qui l'accepte ». Sans doute nous ne pouvons oublier, en étudiant l'origine de cet article, que les auteurs du Code civil ont surtout voulu distinguer la donation entre vifs de la donation *mortis causa*. Mais il est remarquable que voulant donner une détermination, ils aient considéré exclusivement le dépouillement du donateur, alors qu'ils auraient aussi bien pu écrire que l'enrichissement du donataire lui était immédiatement et définitivement acquis.

En présence de la formule employée, il devient difficile de penser qu'une idée générale n'a pas poussé les auteurs du Code civil à envisager la chose donnée par rapport au patrimoine du donateur. Sans effort, on aboutit à cette définition particulière : le montant de la donation est la valeur de la chose dont un donateur se dépouille, en faveur d'un donataire.

C'est pourtant, nous objecte-t-on, forcer le sens des textes. Jamais le problème dont nous nous occupons n'a pu être envisagé par les auteurs de notre Code civil ; « le Code, écrit M. Boucher, a toujours prévu un enrichissement de celui qui reçoit égal à l'appauvrissement de celui qui donne, parce qu'il suppose toujours que la libéralité se réalise sans intermédiaire entre le disposant et le gratifié ». (1) A vrai dire, cette prétention toute négative est déjà quelque chose sous la plume d'un ardent défenseur de la thèse qui fait porter le rapport et la réserve sur le capital ; elle ressemble singulièrement à un aveu d'impuissance. Elle permettrait en tout cas, aux praticiens, parmi toutes les solutions possibles, puisqu'il n'en serait pas de prescrite par le Code, celle qui s'adapte le mieux aux nécessités des affaires.

Mais faut-il vraiment admettre qu'au moment où nos Codes ont été composés, des juristes n'aient pu prévoir les difficultés qui naîtraient de l'application aux libéralités indirectes des règles de fond des donations ? Sans doute

(1) Boucher, *Thèse*, p. 46.

nous ne contestons pas que le fait seul qu'il existe des « donations indirectes », prévues par la loi, n'en est pas une preuve suffisante, car ce terme peut ne désigner que les opérations qui se cachent sous un contrat à titre onéreux, bien que d'intention libérale, afin d'éviter les règles de forme des donations. Telle une libéralité faite sous l'apparence d'une vente d'immeuble, le prix de l'immeuble étant considérablement réduit ; tout en étant donation indirecte, elle procure au donataire un « avantage direct », c'est-à-dire qui est transporté, sans différenciation possible, d'un patrimoine dans un autre.

Nous reconnaissons donc qu'il ne suffit pas de parler de « donation indirecte » pour démontrer que le législateur a dû se préoccuper des « avantages indirectement fournis » à un donataire. Mais, quand il s'agit de la stipulation pour autrui, il n'y a plus d'équivoque possible : ce sont bien des « avantages indirects » que prévoit l'art. 1121, quand il autorise les stipulations faites en faveur d'un tiers. Cela posé, est-il admissible de soutenir que le législateur, ayant inséré cet article dans notre loi civile, n'a pu se préoccuper d'un des résultats les plus immédiats de cette disposition, alors surtout que l'art 1121, comme nous l'avons rappelé, loin de constituer une innovation juridique, n'est que la reproduction d'une très ancienne règle de notre droit coutumier, dont l'application aux questions qui nous préoccupent a dû, par conséquent, forcément être faite bien souvent dans la jurisprudence antérieure ?

Il ne faut pas oublier que l'on n'a pas attendu la création

de l'assurance sur la vie, pour trouver des cas de stipulation pour autrui. Faut-il donner un exemple ? Ayant l'intention de gratifier une personne qui lui est chère, jusqu'à concurrence d'une certaine somme, un donateur s'avise qu'il pourra peut-être, par une spéculation heureuse, augmenter encore le profit de son donataire. Au lieu de faire donation d'un capital, il s'entend avec un propriétaire dont il achète la maison susceptible, il le pense, d'une large plus-value. Et, pour éviter un double contrat, il fait insérer immédiatement, dans l'acte de vente, le nom de la personne à laquelle il destine sa libéralité. Rien n'est plus légitime qu'un pareil procédé. Dira-t-on, maintenant, que la plus-value acquise postérieurement par la maison, conformément, du reste, aux prévisions du donateur, fait partie intégrante de la donation et doit être ajoutée au montant du prix payé, quand il s'agit d'apprécier la valeur de la libéralité faite? Voilà notre problème qui se pose en termes absolument identiques, dans une hypothèse qui aurait pû être formulée longtemps avant la rédaction du Code civil.

M. Labbé, qui a imaginé un cas analogue, donne la réponse suivante: « Quand une personne veut faire un cadeau, qu'elle va dans un magasin acheter un objet quelconque et le fait porter au domicile de la personne qu'elle veut gratifier, ce qu'elle donne, ce n'est pas le prix d'achat, mais l'objet vendu par le marchand » (1). Mais l'espèce fournie par le savant professeur est tout à fait

(1) Labbé, note sous Cass. 22 février 1893. D. 93. 1. 401.

particulière, et ne peut être rangée dans le cadre des stipulations pour autrui. Le marchand, en effet, a commencé par vendre l'objet au client qui est entré dans son magasin; puis, celui-ci, devenu propriétaire de l'objet, en a fait donation à un tiers dont il indique le nom au marchand, qui est utilisé alors comme commissionnaire de transport, pour faire remise du cadeau à la personne gratifiée. Nous visons, nous, les cas où il n'y a qu'une seule opération : le bénéficiaire est désigné avant la vente, et c'est lui qui devient le seul et véritable acquéreur.

Pure théorie ! nous répondra-t-on sans doute ; dans la réalité cette opération serait réalisée par le mécanisme moins compliqué, quoique double, de la gestion d'affaires. Et nous retombons dans la série des raisonnements échafaudés pour éviter l'application, toute simple pourtant, de l'art. 1121.

Voici pourtant, encore, une hypothèse toute pratique : un père de famille fait donation à son fils, par contrat de mariage ou autrement, de valeurs à lots, achetées pour celui-ci et immatriculées directement à son nom ; le lot sort..., faut-il dire que le Code ne peut fournir de solution à la question de savoir si ce lot constitue ou non une valeur rapportable et réductible ? Mais c'est ignorer qu'il existe au moins un article où ses auteurs ont eu à envisager la question d'ordre général qui nous préoccupe. La rente viagère, comme nous avons eu occasion de le dire dans un précédent chapitre, peut constituer le cas inverse de l'assurance en cas de décès. C'est quand celui qui fournit le capital, au lieu de stipuler la rente à son profit, la constitue au profit d'un tiers. L'hypothèse est formellement prévue par l'art. 1973 du Code civil, qui ajoute, « dans ce cas, quoiqu'elle ait les caractères d'une libéralité, elle (la rente viagère), n'est point assujettie aux formes requises pour les donations, sauf les cas de réduction et de nullité énoncés dans l'art. 1970 ». Ainsi, dans cette opération que tous les auteurs reconnaissent comme étant l'application exacte du principe énoncé dans l'art. 1121, le législateur décide qu'il y a lieu à réduction. Réduction de quoi ? Il n'est pas possible que cette question ne se soit pas posée, sinon à propos du principe, à propos, en tout cas, de l'application qu'en fait l'art. 1973.

Les auteurs du Code se sont trouvés en présence de la difficulté même qui arrête actuellement la doctrine, quand il s'agit de l'assurance en cas de décès. Dans un cas comme dans l'autre, la chose reçue n'est pas l'équivalent de la chose donnée ; seulement, dans la rente viagère, c'est la prestation du donateur qui est fixe, tandis que le nombre des arrérages à toucher par le donataire, — le montant de son enrichissement, — ne peut être déterminé d'avance.

Si donc le législateur n'a pas tranché spécialement le problème quand il s'est présenté à lui, c'est qu'il avait de bonnes raisons de croire que la solution résulterait de la simple application des principes généraux.

En vain on fera remarquer que les rapports de Portalis au Conseil d'Etat, de Siméon, au Tribunat, et de Duveyrier, au Corps législatif, ne sont pas explicites à ce sujet Portalis en fournit la raison, à propos précisément du cas prévu par l'art. 1973 : « Toutes ces règles sont anciennes, écrit-il; le projet de loi ne fait que les rappeler. » Et, de fait, l'art. 1973 renvoie expressément, pour l'application des règles de la réduction à l'art. 1970 qui déclare « réductible, si elle excède ce dont il est permis de disposer », la rente viagère constituée. Ou ce renvoi ne signifie rien, ce qui peut paraître bizarre, après le triple rapport présenté aux assemblées législatives, ou il indique que la difficulté a été aperçue, mais que la volonté des rédacteurs du Code a été de la trancher d'après « ces règles anciennes » qu'ils signalaient et qui ne sont autre chose que les principes mêmes des donations (1).

Il nous reste à examiner si ces principes sont bien ceux que nous exposions au début de ce chapitre, et si nous ne nous sommes pas laissé aller à exagérer l'importance des termes que nous avons relevés.

A cet égard, aucune étude n'est plus instructive que celle des articles qui fixent l'étendue de la quotité disponible et qui prescrivent la réduction des sommes qui l'excèdent. Après ce que nous venons d'établir, une simple lecture doit édifier complètement sur les sentiments du législateur ; dans aucun cas, il n'envisage l'accroissement produit dans le patrimoine du donataire, c'est partout et toujours l'appauvrissement du donateur qui le préoccupe : « Les

(1) Cf. Champeau. *Thèse*, p. 188, note 2 ; *Contra*, Boucher. *Thèse*, p. 47.

libéralités, soit par actes entre vifs, soit par testament, *ne pourront excéder* la moitié *des biens du disposant* », dit, en termes fort clairs, l'art. 913, qui est un article de principe. L'art. 918 prescrit d'imputer sur la portion disponible « *la valeur* en pleine propriété des *biens aliénés* », « aliénés » et non pas « acquis ».

Les art. 919, 922 et 1094 sont également intéressants, en ce qu'ils se préoccupent de ce que le donateur peut « donner », de ce dont il lui est loisible de « disposer ». Nous ne citerons que l'un d'eux qui renferme, selon nous, la solution définitive de la question : « La réduction se détermine en formant une masse de tous les biens au décès du donateur ou testateur. On y réunit fictivement *ceux dont il a été disposé* par donation entre vifs, d'après leur état à l'époque des donations, et leur valeur au temps du décès du donateur » (1).

Les interprètes s'entendent assez généralement sur le sens qu'il faut attribuer à la double détermination de la loi. En prescrivant de tenir compte de « l'état » des biens, *à l'époque de la donation,* le législateur a voulu exprimer qu'il faut faire abstraction des améliorations et des détériorations provenant du fait personnel du donataire. Une disposition contraire serait incompréhensible puisqu'elle ouvrirait pour les héritiers le droit de faire « entrer » dans la succession des biens acquis par un autre que le *de cujus*.

La seconde détermination n'est pas moins légitime, mais elle vaut d'être examinée plus attentivement. Pourquoi le

(1) Art. 922.

législateur n'a-t-il pas voulu qu'on appréciât la « valeur » des biens donnés au moment où cela semblait le plus naturel, le jour où l'action en réduction est intentée ? Entre le décès et la date de l'assignation, ou du partage, les biens donnés sont soumis aux variations de la hausse et de la baisse, pourquoi, durant cette période, les bonnes comme les mauvaises chances portent-elles sur le donataire ? Peut-être objectera-t-on que la différence de valeur est peu sensible, les héritiers ne devant guère tarder à user de leur droit de demander la réduction. Mais, outre que l'argument serait fort peu juridique, il ne porterait pas, puisque la question a dû être soumise aux tribunaux (1). Prétendra-t-on à nouveau que les auteurs du Code n'ont pas entrevu un système différent du leur, et qu'une argumentation analogue à celle fournie par les juges de

(1) Bordeaux, 12 mars 1834, dans Dalloz, *Rép.* v° *Dispos. entre vifs*, p. 384.

Un notaire, chargé de faire le partage d'une succession, et ayant à opérer le rapport fictif des différents legs à la masse, entr'autres d'une rente de 12.500 fr., avait fait entrer dans la masse ladite rente d'après le cours du change du 23 fév. 1831, jour auquel la justice avait prescrit le partage. Le Tribunal de Bordeaux, appelé à se prononcer, avait, dans un jugement du 27 février 1833, approuvé la liquidation du notaire, pour les motifs suivants :

« Attendu que les rentes sur l'Etat, appartenant au sieur D..., faisaient sans contredit partie de sa succession, mais que leur valeur, purement mobilière, ne peut être fixée et reconnue que par le cours du change du jour où les héritiers ont reçu de la justice la faculté d'en disposer ; que ce n'est qu'ainsi qu'on peut et qu'on doit entendre les dispositions des articles 920 et 922 C. civ. ; qu'en effet le cours du change des rentes sur l'Etat étant variable, et la réduction des donations ou avantages ne devant avoir lieu que sur des valeurs certaines, il serait injuste de prendre, pour l'une ou l'autre des parties, une valeur incertaine et purement fictive ; que ce n'est que par l'effet du partage des rentes sur l'Etat, partage qui a eu lieu le 23 fév. 1831, que chacun des co-parta-

1834 (1), ne pouvait être conçue en 1805? Une supposition de ce genre ne peut être indéfiniment renouvelée, et puis vraiment, n'est-il pas bizarre de nous forcer à admettre qu'alors que la plupart des commentateurs ont mentionné la possibilité d'une solution théorique contraire à celle qui est indiquée par l'art. 922 *in fine* (2), seuls les rédacteurs du Code ont été incapables d'y songer ? Du reste, remarque intéressante, M. Delvincourt, ayant voulu soutenir qu'il est un cas exceptionnel où l'augmentation ou la diminution de valeur postérieure au décès n'incombe pas au donataire (3), est combattu par toute la doctrine qui constate la volonté formelle du législateur d'adopter une époque unique d'estimation (4). Laurent cite même l'art. 922 comme contenant une « disposition essentielle ». C'est assez dire qu'elle n'est pas le résultat du hasard.

Quelle conclusion tirer de tout cela ? Si le législateur

geants a pu disposer de sa portion, que c'est par conséquent au cours du change du dit jour qu'il faudrait calculer la valeur réelle des rentes sur l'Etat, comprises dans la succession du sieur D. »

Ce système n'avait en effet rien de déraisonnable en soi, il n'avait qu'un tort, celui de heurter directement les art. 920 et surtout 922. C'est pourquoi la Cour infirma le jugement du tribunal, en déclarant que « le délai » dont l'acte de partage « peut être susceptible, est sans effet à l'égard de la personne à qui la quotité disponible a été donnée ou léguée ».

Cf. Cass., 11 déc. 1854, D. 55. 1. 54. La réclamante était, en l'espèce, légataire de la quotité disponible ; la même solution s'impose naturellement quand la réduction est demandée par les héritiers réservataires.

(1) V. Note précéd.

(2) Marcadé, III, n° 591 ; Duranton, VIII, n° 341 ; Troplong, II, n° 972 ; Demolombe, *Donations*, II, n° 366. Cf. du reste la solution donnée par le droit romain pour le calcul de la quarte falcidie ; L. 30, *ad leg. falcid.*

(3) Delvincourt, II, p. 241, notes.

(4) V. en part. Saintespès-Lescot, II, n° 491 ; Laurent XII, n° 90.

n'a pas voulu que la donation puisse être estimée après décès, c'est qu'il se faisait une idée toute particulière du fondement du droit des réservataires. Il n'admettait pas que l'on pût calculer la masse, puis la quotité, disponible, en considérant le patrimoine du donataire.

Le décès du donateur était le point extrême où l'on pût faire le compte de la valeur de ses biens ; songeant au donateur, c'est ce moment que le législateur a choisi pour déterminer la donation qui se trouve ainsi, pour l'avenir, comme figée à l'heure même où disparaît le donateur. Après cette option faite, il nous paraît impossible de soutenir sérieusement que la réduction doit porter sur l'enrichissement du donataire. Car il faudrait expliquer pourquoi, alors qu'il s'agit d'un droit n'ayant à aucun moment appartenu au *de cujus*, mais compétant uniquement à certains de ses héritiers, ceux-ci, au moment où ils entament l'action qui est la sanction de leur droit, c'est-à-dire où ils réclament le rapport à la masse de tout ce dont les donataires se trouvent enrichis, se voient opposer une distinction entre différentes catégories d'enrichissement, obtiennent la mise en ligne de compte de l'enrichissement antérieur au décès, mais sont obligés de laisser de côté l'enrichissement survenu ensuite.

Quand on ne veut considérer que le patrimoine du donataire, le décès du donateur est un acte absolument indifférent, qui ne peut constituer ni un terme, ni un point de départ, dont on ne peut, par conséquent, expliquer l'influence sur un ordre de choses bien distinct. Au contraire, le choix de l'époque du décès s'impose si l'on considère l'appauvrissement du défunt ; car, c'est à ce moment seul que l'on peut connaître le montant de la perte que la libéralité a fait subir à son patrimoine. Auparavant il n'était pas possible de l'apprécier intégralement ; postérieurement il ne peut plus en être question.

Pour nous, la démonstration est maintenant faite. Restent à examiner quelques objections qui pourraient être apportées contre notre thèse. Et d'abord n'essaiera-t-on pas de nous mettre en contradiction avec nous-même, en rappelant la théorie générale que nous exposions au début de ce chapitre, suivant laquelle le montant de la donation était fixé, dès l'acte même, par la valeur de la chose donnée ? Dans le cas de réduction, nous attendons le décès pour fixer la valeur. L'opposition n'est que spécieuse. Ce qui est fixé de façon invariable, c'est « ce dont le donateur se dépouille », c'est la prestation qui constitue la donation, c'est, pour reprendre l'expression même du Code civil, « l'état des biens dont il a été disposé ». Mais la valeur de cette prestation n'est pas invariable, d'abord en raison des fluctuations économiques, et aussi par suite des détériorations plus ou moins rapides qui sont l'effet normal des années. Tout dépend donc du moment où l'on a besoin de calculer la valeur de la chose donnée. Quand il s'agit de l'établissement de la quotité disponible, il ne peut être question de se reporter au moment de l'acte de donation.

Peu importe aux héritiers le plus ou moins de valeur du

patrimoine de leur auteur, alors qu'ils n'avaient eux-mêmes aucun droit sur lui ; ce qui les intéresse c'est de savoir ce dont le *de cujus* les a dépouillés. D'où la disposition de l'art. 922 fixant à l'époque du décès le calcul de l'appauvrissement, ce qui entraîne comme conséquence, ainsi que le reconnaissent les auteurs, qu'il faut estimer les biens donnés, comme s'ils n'étaient jamais sortis du patrimoine du donateur. Supposons par exemple que, avant la mort du disposant, le percement d'une rue, l'ouverture d'un canal, un atterrissement fluvial aient accru la valeur de l'immeuble donné, il serait tenu compte, dans le calcul de la masse, de cette augmentation. Il en serait de même, à l'inverse, des dégradations accidentelles, causées par un fléau quelconque ; le donataire n'en devrait pas souffrir, pour cette seule raison qu'elles se seraient opérées de même entre les mains du donateur. Ces solutions ne font aucun doute.

Mais voici un cas plus intéressant et qui va constituer une nouvelle démonstration du système plaçant l'appauvrissement du donateur comme base unique du droit à la réduction. Si les immeubles donnés, au lieu d'être restés la propriété du donataire, ont été vendus par lui, de quelle valeur le donataire sera-t-il tenu? S'il doit son enrichissement, la réponse ne peut évidemment être que celle-ci : il devra verser (1), sans aucune distinction, le montant total

(1) Il s'agit bien entendu de rapport fictif en vue du calcul de la réserve.

du prix par lui encaissé, (sauf à tenir compte, bien entendu, de la valeur des modifications résultant de son fait personnel). Pourtant ce n'est là, la solution d'aucun des auteurs qui ont prévu l'espèce (1).

Ils ne font rapporter le prix même de la vente que dans un cas, lorsque le donataire a été exproprié pour cause d'utilité publique, ou par suite de l'exercice d'un réméré. Cette circonstance se fût présentée identique pour le donateur, s'il n'avait pas été dessaisi ; et la somme encaissée par le donataire est forcément celle que le donateur eût été contraint de recevoir en sa place. C'est pourquoi il est parfaitement logique de décider que le prix de la vente doit être rapporté. Mais il n'en est pas de même quand il y a vente volontaire : les auteurs prescrivent l'estimation de l'immeuble tel qu'il se trouve aux mains de l'acquéreur au moment du décès. Si donc des dégradations, ou des améliorations sont survenues après la vente, durant la possession du tiers-acquéreur, il en sera tenu compte dans le calcul qui établira la valeur ; celle-ci sera tantôt inférieure, et tantôt supérieure au prix touché par le donataire, lequel reste la représentation de son enrichissement, mais, comme le dit Dalloz, « ne saurait servir à fixer le préjudice reçu par la succession ; .... or, il faut estimer l'immeuble dans les mains de l'acquéreur, d'après la base fixée par la loi » (2).

(1) Duranton, VIII, n° 340 ; Poujol, sur l'art. 922 n° 8 ; Laurent, XII, n° 91 ; Baudry-Lacantinerie et Colin., *Donations*, I, n° 908.
(2) Dalloz. *Rép. Disposit. entre vifs*, v° n° 1127.

Comment se fait-il alors, — l'objection a été formulée par M. Champcommunal (1), — que nous admettions l'action en réduction lorsque le *de cujus* avait, de son vivant, renoncé à une succession au profit de son cohéritier? Il ne s'était pas appauvri cependant, puisqu'aux termes de l'art. 785, « l'héritier qui renonce est censé n'avoir jamais été héritier ».

M. Boucher énonce des griefs du même ordre : « Voici un testateur qui a légué la chose d'autrui, et nous sommes dans un cas où on échappe à l'art. 1021 et où ce legs est valable, faut-il décider qu'il n'est point réductible puisque la chose donnée ne vient pas du patrimoine du testateur? On lègue à quelqu'un sa libération en le considérant comme insolvable, il n'y a pas davantage appauvrissement, puisque de la chose léguée on n'aurait pu tirer aucun parti. Croit-on que la loi reste désarmée devant ces expédients ? » (2).

Il nous parait que les auteurs de toutes ces objections jouent légèrement sur les mots, quand ils déclarent ne pas apercevoir d'appauvrissement du donateur.

Peut-on conclure sérieusement de ce que la chose donnée ne sort pas actuellement entière du patrimoine du testateur ou du donateur que ce dernier ne subit aucun préjudice du fait de sa libéralité. Même dans une législation plus large que la nôtre, admettant en principe le legs

(1) Champcommunal. *Pand. fr.*, 1899, 2, 130, sous Douai, 16 janv. 1897.
(2) Boucher. *Thèse*, p. 49.

de la chose d'autrui, il faut nécessairement supposer un appauvrissement du testateur correspondant au prix qu'il sera nécessaire qu'il rembourse au propriétaire de la chose, si celui-ci consent à s'en dessaisir. Combien, à plus forte raison, il est facile de comprendre que, dans les cas exceptionnels où le Code civil l'autorise, le legs de la chose d'autrui constitue une diminution de valeur pour le patrimoine du disposant. Ainsi, pour prendre un exemple, la jurisprudence autorise la femme commune à léguer un bien dépendant de sa communauté, alors que cette communauté n'était, à la date du testament, ni partagée, ni liquidée. Cette femme ne subit-elle pas un appauvrissement égal à la somme, représentant la valeur de la chose, qui lui sera comptée en moins, lors du partage de la communauté ? Nous n'éprouvons donc aucune difficulté à justifier une réduction portant sur cette somme.

L'argument tiré du cas où un créancier lègue sa créance à un débiteur insolvable est plus subtil, mais nous paraît devoir apporter, en définitive, une démonstration plus évidente encore de la nécessité où l'on se trouve d'en revenir toujours à l'appréciation de l'appauvrissement du donateur. Un testateur ne s'appauvrit pas, nous dit-on, en agissant de la sorte, admettons le pour un instant, et regardons au légataire : s'est-il enrichi davantage ? Insolvable, il était auparavant, insolvable il reste après le legs qu'il a reçu. La seule conclusion serait alors que, puisqu'il n'y a ni appauvri, ni enrichi, il n'y a pas libéralité; par conséquent on en arrive à déclarer incompréhensible et mal fondée l'action en réduction. Peut-on s'en tenir à ce résultat négatif ? Non, en présence de l'unanimité des auteurs qui affirment le contraire. Il faut alors consentir à abandonner les apparences, et à revenir sur le terrain du droit, qui nous enseigne, en l'espèce, que *genus nunquam perit*. Comme le font remarquer MM. Aubry et Rau (1), tout différent est notre cas, et celui où un corps certain, donné ou légué, a péri sans la faute du donataire. En présence d'un cas fortuit, celui-ci ne doit pas rendre compte de la donation pour composer la masse, parce que l'objet aurait péri de même pour le donateur. Dans notre hypothèse, au contraire, comme dans celle toute voisine qu'examinent les savants auteurs, — lorsqu'il y a eu donation de sommes d'argent, — « quoique l'insolvabilité du donataire ait pour résultat de rendre inefficace l'action en réduction à laquelle il se trouve soumis, cette circonstance ne détruit cependant pas le principe de cette action, qui pourrait même, par la suite, devenir utile, dans le cas où le donataire reviendrait à meilleure fortune ».

Cela est incontestable. Peut-on maintenant déduire, de ce que la créance n'est pas éteinte, qu'il y ait lieu de la faire entrer intégralement dans le calcul de la masse ? MM. Aubry et Rau le pensent. Et ils trouvent une raison suffisante dans « le principe qu'il faut, pour la composition de la masse, procéder comme si les biens donnés entre vifs n'avaient pas cessé d'être la propriété du donateur ».

(1) Aubry et Rau, VII, 4e édit., p. 192, note 26.

Nous estimons, au contraire, qu'il est impossible de justifier cette façon d'opérer si l'on ne substitue à l'expression vague de « biens donnés » la notion d'appauvrissement, qui seule peut fournir une base solide.

Supposons en effet qu'un testateur légue à son débiteur non seulement sa créance propre, afin de le libérer de sa dette, mais encore un paquet d'autres créances douteuses sur des tiers. Si l'on s'en tient à l'explication de MM. Aubry et Rau, il faudra faire le rapport fictif de l'ensemble de ces créances, car il n'y a pas lieu de distinguer entre elles. Elles ont toutes été « données », et la règle *genus nunquam perit* est aussi vraie pour les unes que pour les autres. Personne cependant ne peut admettre que la masse soit grossie des dernières ; pourquoi? parce que le legs ou le don de ces créances n'a pas « appauvri » le donateur.

S'il eût conservé ces créances dans son patrimoine, elles eussent été comptées comme zéro dans le calcul de ses biens existants ; MM. Aubry et Rau partagent sur ce point l'opinion générale: « Les héritiers à réserve, écrivent-ils, peuvent s'opposer à ce que les créances dont la rentrée est douteuse soient comprises dans la masse, à moins que les donataires ou légataires ne leur fournissent, dans la proportion de la quotité disponible, caution pour la rentrée de ces créances » (1). Si, au lieu de conserver ces créances, le *de cujus* les a léguées, ou données, à un tiers quelconque, il en résulte qu'elles ne peuvent entrer en

(1) *Op. cit.* p. 191. Cf. Duranton, VIII, p. 339 ; Delvincourt, II, p. 244 ; Demolombe, XIX, p. 318, nos 276 sqq.

ligne davantage, au moins tant que le débiteur n'est pas revenu à meilleure fortune. La raison de décider est donc bien, comme nous le disions, que la sortie de ces créances du patrimoine du donateur, ne l'a pas appauvri.

On ne peut pas en dire autant, lorsque la créance douteuse, dépourvue de sa valeur au point de vue économique, est donnée non plus à un tiers quelconque, mais à celui là même qui avait contracté la dette. Juridiquement parlant, la créance se trouve utilisée ; elle est éteinte par l'effet de la donation, comme elle le serait par un paiement. Pour paradoxale que la conclusion puisse apparaître, un créancier, ruiné par l'insolvabilité de ses débiteurs, a un moyen juridique de rendre à ses créances leur « valeur » entière, c'est d'en faire don à ses débiteurs eux-mêmes. Le patrimoine de ceux-ci, présent et futur, était diminué par une dette; ils s'enrichissent de tout ce qu'ils devaient. En sens inverse le créancier s'est donc appauvri jusqu'à concurrence du montant des dettes qu'il a éteintes. Car la libéralité étant directe, on peut indifféremment parler de l'enrichissement du donataire ou de l'appauvrissement du donateur : la valeur de l'un est la mesure de l'autre.

En faisant, entre les choses données, une distinction basée sur l'appauvrissement qu'elles constituent pour le défunt, nous n'apportons pas, à vrai dire, une théorie juridique nouvelle. Ulpien l'avait déjà dégagée et exposée en termes fort clairs, en traitant de la loi Falcidie. Il faudrait citer le fragment tout entier ; nous ne retiendrons qu'un passage: « La loi Falcidie veut que, sur tout ce qu'on peut faire rentrer dans la succession, l'héritier ait un quart, et les légataires les trois autres. Ainsi, quand il se trouve dans la succession une mauvaise créance, on en tire ce qu'on peut, et on le partage proportionnellement entre l'héritier, pour sa falcidie, et les légataires; on vend le reste de la créance, en sorte qu'on ne compte dans la masse de la succession que le prix auquel peut être vendu ce qui reste de cette créance. Mais lorsque le testateur a légué à son débiteur la libération de sa dette, ce débiteur peut toujours dire qu'il est solvable, puisqu'il n'a rien à débourser, et il est riche par rapport à lui-même » (1).

C'est parce qu'on a oublié ce point de départ que certains cas pratiques ont pu donner lieu à des controverses restées fameuses (2). Quand le legs de libération n'excède pas la quotité disponible, tous les auteurs sont d'accord ; ils diffèrent dans le cas contraire : certains voudraient apporter un tempérament. Ainsi, pour reprendre l'exemple imaginé par Demolombe, (3), le patrimoine du défunt qui laisse un enfant se compose de 40.000 francs de biens en nature, et d'une créance de 20.000 francs sur Primus qui est insolvable. Il a légué à Primus la totalité de la créance, 20.000 fr, et il a fait à Secundus, un legs équivalent de 20.000 fr. Sur cette masse de 60, la quotité disponible est de 30 ; les deux legs réunis dépassent donc cette quotité.

Il faut les réduire, chacun d'un quart, de 5 sur 20.

(1) Dig., XXXV, II fr. 82 d'Ulpien.
(2) Cf. Demolombe, T. 19, p. 371.
(3) Demolombe, *id.*, p. 320.

Pour quelle somme cependant ferons-nous rentrer la créance dans la masse ? MM. Aubry et Rau, appliquant leur principe « qu'il faut, pour la composition de la masse, procéder comme si les biens donnés entre vifs n'avaient pas cessé d'être la propriété du donateur », décident nécessairement que la créance doit être comptée pour 20. En effet, c'est 20 qui a été donné.

Le résultat pratique est que l'insolvabilité de l'un des légataires tombe entièrement sur l'héritier, dont la quotité disponible n'est ainsi plus respectée. Sur les 60 que forme la masse, dans ce compte, Secundus a pris 15, et l'héritier, qui devait toucher 30, ne conserve plus que 25.

Aussi, la plupart des auteurs, depuis Pothier, adoptent-ils une autre solution (1) ; ils répartissent la perte, résultant de l'insolvabilité d'un légataire, entre les réservataires et les autres légataires.

Dans l'exemple donné, Primus étant insolvable pour 5, il faut, suivant Demolombe, retrancher ces 5 de la succession pour la formation de la masse sur laquelle doivent être calculées la quotité disponible et la réserve.

Celle-ci ne vaut plus par conséquent que 55 ; la quotité disponible n'est que de 27,5 ; en en déduisant 15, attribués par compensation à Primus, il ne reste pour Secundus que 12,5.

(1) Pothier. *Des Donations entre vifs*, sect. III, art. 5, § 5; Maleville, sur l'art. 930; Levasseur, p. 119; Favard *Rép.* v° *Portion disponible*, sect. II, § 11 ; Delvincourt II, p. 244; Duranton VIII, 339 ; Demante. *Cours*, IV, 61 bis, II. Cf. Lyon, 5 janvier 1855, S. 56. 2. 209. *Contra :* Lebrun *Des successions*, II, ch. 3, sect. 8, n° 25 ; Troplong, II, 997 et 998.

Rien n'est plus équitable que cette façon de procéder. Mais que répondre à MM. Aubry et Rau, qui objectent que les tempéraments d'équité ne peuvent se déduire que des textes, et que cela n'est pas possible, en présence des termes généraux de l'art. 922 ?

Pour nous, nous n'éprouvons aucun embarras. Nous posons cette simple question : jusqu'à concurrence de quelle somme le patrimoine du donateur sera-t-il appauvri par la libération qu'il opère ? Et nous reportant au calcul précédent, nous voyons que, en raison de la réduction, la créance ne sera éteinte que pour 15. Il restera une créance, valant 5, qui sera restituée au patrimoine. Mais il n'en est pas de cette créance restituée comme d'un objet ordinaire, ayant subi la réduction ; en rentrant dans le patrimoine, elle perd par ce fait même sa valeur, elle reprend sa place dans le lot des créances douteuses, et redevient égale à 0, dans le calcul de la masse. Bien loin de violer l'art. 922 nous ne faisons donc qu'en consacrer une application.

Il nous reste une dernière objection à examiner que nous avons reproduite d'après M. Champcommunal. Ce juriste admet, comme nous, que le droit des créanciers, sanctionné par l'action paulienne, s'explique par la notion d'appauvrissement. Un débiteur ne peut diminuer le gage général de ses créanciers, sans s'exposer à leur recours.

Mais M. Champcommunal trouve dans cette constatation un point de départ pour arriver à conclure que la loi a établi, sur un fondement différent, le droit de réduction des héritiers.

Prenant le cas particulier où un individu renonce à une succession, il raisonne de la manière suivante : pour que des créanciers puissent attaquer l'acte de renonciation qui les dépouillait frauduleusement, il a fallu un article spécial du code, l'art. 788 C. civ. « N'en résulte-t-il pas de manière évidente que, sans ce texte, l'action aurait été irrecevable ? »

Cela vient de ce que celui qui renonce est censé n'avoir jamais été héritier; un débiteur qui renonce n'est donc pas appauvri par son acte; il ne fait que détourner un enrichissement possible. Il fallait une disposition spéciale pour permettre aux créanciers de réclamer un manque à gagner. Or, l'article 788 est un article précis, dont il est impossible de dire qu'il vise les héritiers aussi bien que les créanciers. Pourtant il est inadmissible que les héritiers, à la différence des créanciers, restent désarmés vis à vis du bénéficiaire d'une succession à laquelle leur auteur a renoncé. Si le Code n'a pas parlé d'eux, c'est donc que les principes généraux suffisaient à fonder leur droit.

En d'autres termes, « si l'on admet le rapport et la réduction quand il y a renonciation à succession, c'est que le rapport et la réduction sont dus toutes les fois que le *de cujus*, même sans s'appauvrir, a conféré un avantage quelconque à son héritier (1) ».

(1) Champcommunal. *Pand. fr.* 1899, 2. 130. déjà cité.

M. Champcommunal a bien vite fait de considérer le rapport et la réduction comme absolument nécessaires dans le cas de renonciation à succession. Il faudrait cependant préciser dans quel cas la jurisprudence l'admet.

La première chose à faire est de citer une autre article du Code, l'art. 780. « La donation, vente ou transport que fait, de ses droits successifs, un des cohéritiers, soit à un étranger, soit à tous ses cohéritiers, soit à quelques-uns d'eux, emporte de sa part acceptation de la succession. Il en est de même : 1° de la renonciation, même gratuite, que fait un des héritiers au profit d'un ou plusieurs de ses cohéritiers; 2° de la renonciation qu'il fait, même au profit de tous ses cohéritiers indistinctement, lorsqu'il reçoit le prix de sa renonciation ».

Il résulte *à contrario* des termes de cet article que la renonciation gratuite faite par l'un des cohéritiers, au profit de tous ses cohéritiers indistinctement, ne doit pas emporter acceptation tacite.

Le successible, explique-t-on, laissant ici sa renonciation produire en tous points les effets que la loi y attache, on considère comme superflue l'indication qu'il a faite de ces effets. L'ancien droit était déjà en ce sens (1).

Cela posé, dans quelle hypothèse se place M. Champcommunal ? Les renonciations gratuites évidemment nous intéressent seules.

(1) Furgole, liv. III, chap. 8, note 2, n° 14 ; Pothier, *Traité de la communauté*, II, n° 544.

Mais vise-t-il le cas où une renonciation a été faite par un *de cujus* purement et simplement, ou encore au profit de tous ses cohéritiers, ce qui revient au même, nous venons de le voir.

En ce cas nous ne voyons pas qu'aucun tribunal ait jamais accordé un droit de réserve ou de rapport aux héritiers de celui qui a renoncé, sur la part qu'il a abandonnée.

Ce serait méconnaître absolument les principes les plus anciens de notre droit successoral, ceux-là mêmes qui nous ont été transmis directement du droit romain. Les cohéritiers du renonçant et les héritiers du degré subséquent tiennent leur droit de la loi, et non du renonçant. Ce n'est pas celui-ci qui leur transmet sa part ; elle leur est acquise légalement sans même qu'ils puissent s'y opposer, en vertu du droit d'accroissement. Sans doute, l'article 788 accorde aux créanciers le droit d'exercer une revendication sur la part accrue aux cohéritiers. Mais justement, de l'aveu de M. Champcommunal lui-même, ce texte indispensable pour fonder leur droit, ne peut être étendu, et justifier un droit quelconque des héritiers.

Tout ce que la jurisprudence permet aux héritiers, c'est de se plaindre de la renonciation quand elle est faite uniquement dans le but de leur nuire. Mais leur action, ni dans son principe, ni dans ses conséquences, n'a d'analogie avec l'action en réduction. Elle est fondée sur ce principe admis en jurisprudence et rappelé par MM. Baudry-

Lacantinerie et Wahl (1), « que nul ne peut user d'un droit légitime, s'il en use uniquement dans l'intention de nuire à autrui ; cette solution conduit à permettre aux héritiers ainsi lésés, non pas de faire annuler la renonciation, mais de réclamer des dommages-intérêts au renonçant ».

Faut-il alors ne considérer que le cas dont s'occupe l'art. 780, où une renonciation gratuite a été faite au profit d'un ou plusieurs cohéritiers ? Cette renonciation vaut donation ; nous en convenons ; donc, elle doit donner lieu à la réduction et au rapport. Mais nous trouvons dans l'art. 780 lui-même la justification que l'on nous demande. La renonciation ainsi faite est considérée comme une acceptation tacite, à juste raison d'ailleurs. Le successible qui cède ses droits héréditaires à titre onéreux ou à titre gratuit, directement ou indirectement, sous le masque d'une renonciation, fait une manifestation de volonté, il en dispose. Or, comme l'avait déjà fort bien vu Pothier, on ne peut disposer d'un droit qu'autant que ce droit vous est définitivement acquis ; car on ne peut céder que ce que l'on a.

On ne peut donc plus, dans le cas où l'art. 780 donne à la renonciation la valeur d'une acceptation, dire que le renonçant ne s'est pas appauvri. La renonciation même avait pour effet premier de consolider sur sa tête les effets de la saisine et de lui faire acquérir définitivement

(1) Baudry-Lacantinerie et Wahl. *Traité des Successions*, II, n° 2386. Cf. Grenoble, 2 avril 1889. *Somm.* de Grenoble, 1889, p. 150.

une propriété, dont il pouvait ensuite vraiment se dessaisir.

Que résulte-t-il en définitive de l'examen nouveau auquel nous venons de nous livrer ?

Ceci uniquement : que, pour apprécier si un *de cujus* ayant renoncé à une succession, ouvre à ses héritiers propres un droit de réduction ou de rapport, il faut examiner si le droit héréditaire est oui ou non entré dans le patrimoine du renonçant. Ce sont les conditions dans lesquelles la renonciation a été faite qui établissent si elle équivaut ou non à une acceptation. Qu'est-ce, sinon la preuve nouvelle que l'enrichissement des cohéritiers du renonçant importe peu ; mais que la seule question intéressante est de savoir si le renonçant est, ou non, appauvri ? On aboutit ainsi à cette conséquence un peu subtile, mais que nous ne sommes pas les premiers à formuler (1) : qu' « il existe une différence entre le cas où un héritier déclare faire *donation* de sa part héréditaire à tous ses cohéritiers indistinctement et celui où il déclare *renoncer* à leur profit à tous indistinctement ». Le résultat est pourtant identique quant à l'enrichissement procuré aux cohéritiers ; mais dans un cas, il y a l'acceptation tacite, qui n'existe pas dans l'autre et qui, ayant eu pour effet premier de faire entrer la part héréditaire dans le patrimoine, entraîne toutes les conséquences résultant d'un appauvrissement, aussi bien l'action des héritiers que l'action des créanciers, qui n'a plus besoin cette fois d'un fondement spécial.

(1) Baudry-Lacantinerie et Wahl. *Traité des Succes.* II, n° 1587.

Nous arrivons donc, tout bien examiné, à cette conclusion définitive que la notion d'appauvrissement, bien loin de rendre difficilement explicables, théoriquement, certaines solutions de notre droit, en est au contraire la justification lumineuse. Nous ne prétendons pas, du reste, en avoir fait la découverte ; nous sommes plutôt étonnés qu'on nous ait forcé de le rappeler. Demolombe s'en était aperçu il y a quelque cinquante ans, mais avouait lui-même qu'il n'avait pas le mérite d'avoir trouvé cette « clef » aux difficultés; « il suffit, écrivait l'éminent auteur, pour comprendre la formule de l'art. 922, de se rappeler le principe qui forme, pour ainsi dire, la clef de ce sujet, à savoir : que la réunion fictive des biens donnés a pour but de remettre hypothétiquement la succession *au même état que si la donation n'avait pas été faite* (1).

Demolombe invoque à son tour Pothier. Nous n'avons rien moins, en effet, que l'autorité de Pothier, pour appuyer l'interprétation que nous avons donnée de la « donation », Pothier, qui dans un paragraphe entier, où il examine les droits des enfants d'un premier lit, en présence des donations faites à l'époux du second mariage, et où il donne les solutions qui ont été reproduites par les art. 1098 et s. de notre C. civ. ne cesse de se placer au point de vue du « préjudice » causé aux enfants (2).

(1) Demolombe. T. 19 p. 377.

(2) Pothier. *Du contrat de mariage*, nº 576. Cf. les passages suivants : « L'Edit ne permet pas que la donation leur préjudicie au delà de la valeur de la part de l'enfant le moins prenant dans la succession. Le préjudice que cause la donation aux enfants dans la succession de leur

Il nous paraît difficile que l'on vienne prétendre que la solution de Pothier ne peut être étendue aux donations ordinaires, chacun reconnaissant que le régime, repris par le Code, d'après notre droit coutumier, quand il y a second mariage, est un régime de défiance à l'égard du nouvel époux et constitue une aggravation au droit de réserve. Si donc, dans ce cas, la tradition de notre droit est que l'on doit considérer le patrimoine laissé aux enfants, dans le seul but de leur éviter un préjudice, combien il paraît difficile de prétendre que cette même tradition puisse conduire, dans tous les autres cas, à tenir compte du manque à gagner dont ont profité les donataires !

Il n'existe, suivant nous, qu'un point obscur en toute cette question, c'est qu'un principe aussi bien établi ait pu être mis en doute.

Mais n'avons-nous pas eu occasion de nous rendre compte du même phénomène, à propos d'une autre vérité tout aussi incontestable de notre droit, à savoir la possibilité d'une stipulation directe au profit d'autrui ?

Pourtant les textes étaient plus nombreux, par cela même que la solution contraire eût été parfaitement admissible. Comment, au contraire, nos grands doctrinaires

mère consiste en ce que les héritages compris dans la donation, ne se trouvent pas dans la succession de leur mère, au lieu qu'ils s'y trouveraient, s'ils n'avaient pas été donnés, etc.... »

Parlant des droits des enfants en cas de second mariage, Pothier ajoute : « La raison est que le droit que l'Edit donne aux enfants est une réparation d'une partie du préjudice que la donation faite au second mari leur cause dans la succession de leur mère ».

pouvaient-ils supposer que, dans une matière où le nom même a toujours indiqué de quoi il s'agissait, il était nécessaire d'apporter une détermination formelle ?

Pouvaient-ils prévoir, quand ils parlaient de « quarte » d'abord, puis de « réserve », comme d'une part des biens existants, comme d'une matérialité actuelle, il ne faut pas l'oublier, dont un propriétaire ne pouvait pas priver ses héritiers, qu'on essaierait de soutenir un jour, que cette portion réservée est formée non de ce que le donateur connaît, de ce qu'il a pu apprécier, parce que cela a été sien, mais résulte d'un calcul qu'il ne peut faire, parce que les éléments de l'addition ne sont point fournis par lui ?

On l'oublie trop : le Code ne se place pas exclusivement à l'époque de la mort du donateur. Il ne fait pas dépendre toute cette théorie du droit de certains héritiers à demander la réduction. Il commence par parler de la « portion de biens disponible. » Et, quand il définit ce dont on peut disposer librement, en établissant *à contrario* ce dont on ne peut disposer, dans le premier article de la section première du chap. III (art. 913), il indique que « les libéralités, soit par acte entre vifs, soit par testament, *ne pourront excéder la moitié des biens du disposant*, s'il ne laisse à son décès qu'un enfant légitime, etc... » (1).

Il ne s'agit pas là d'un argument de mots, il s'agit de l'esprit même qui a guidé le législateur. La réserve n'est

(1) On doit d'autant moins négliger cette indication que le projet soumis au Conseil d'Etat fixait spécialement le taux de la réserve (Fenet, L. XII, p. 254) ; et que c'est, après discussion, que ce procédé a été écarté. En établissant le montant de la quotité disponible conformément du reste

pas un don bénévole de la loi aux enfants ; c'est un droit naturel et qui résulte en grande partie d'une notion de copropriété, en tout cas de conservation familiale.

N'y a-t-il pas quelque chose de contradictoire, après cela, à soutenir que le donateur doit considérer ses donations dans un autre patrimoine que le sien, à déclarer qu'une « quotité disponible » ne porte pas sur « un présent » mais sur « un devenir » ? (1).

au premier projet, celui qui avait été soumis aux tribunaux d'appel (Fenet, II, p. 276), le Conseil d'Etat avait certainement l'intention de marquer que le droit des enfants reste la base de tout le système de la loi.

(1) Le plus curieux est que les auteurs mêmes qui contestent que la notion d'appauvrissement domine toute la théorie de la réserve donnent certaines solutions qui sont la condamnation absolue de leur argumentation. Dans le cas où le propriétaire d'un billet de loterie donne son billet à un ami qui gagne le lot, quelle est la valeur de la donation ? En ce qui concerne la réduction, dit M. Boucher (Thèse, p. 51, sqq.), de bons esprits ont soutenu qu'il fallait faire porter la réduction sur la somme tout entière, le lot compris, puisqu'à défaut de la donation le patrimoine du donateur s'en serait augmenté. « Ce raisonnement a paru trop rigoureux surtout pour le cas où le donateur aurait aliéné le billet à lot, si bien qu'il est presque généralement admis que la réduction ne portera que sur la valeur du billet seul. » Nous avouons ne pas comprendre du tout, comment dans le moment précis où les deux notions d'enrichissement et d'appauvrissement, mises en présence, conduisent aux résultats les plus opposés, on en revient tout à coup à la notion de l'appauvrissement, sous prétexte que l'autre est « trop rigoureuse ».

M. Boucher, il est vrai, semble dire que la notion d'enrichissement ne s'impose pas plus que celle d'appauvrissement. Entre les deux, il ne se détermine pas d'une façon générale ; il choisit suivant les circonstances, ou plus exactement, suivant la volonté probable et commune du donateur et du donataire (cf. Thèse, Sect. VI, p. 87, sqq.). Mais, outre que ce critérium apparaît souvent bien peu déterminé, il nous semble bizarre sous la plume d'un défenseur, aussi ardent que nous le sommes nous-même, de la réserve et du rapport. Eh quoi ! La réduction peut varier suivant l'intention des contractants. Que devient l'intégrité des patrimoines ? M. Boucher a prévu l'objection, aussi fait-il la restriction que leur volonté « ne peut produire d'effets qu'autant qu'elle n'est pas con-

Tenons-nous en donc à cette tradition si claire de notre droit civil ; nous avons tenu à la dégager dans ce chapitre dans toute sa généralité, et en laissant volontairement de côté les arguments ou les témoignages d'auteurs auxquels on aurait pu reprocher de n'avoir édifié leur thèse que pour l'appliquer à l'assurance sur la vie (1).

Le législateur, en établissant la réserve, n'a point songé à l'enrichissement d'un donataire, qui lui est indifférent, et dont il ne se préoccupe qu'indirectement ; il a voulu mettre les héritiers les plus proches du donateur à l'abri d'une disgrâce injustifiée, sauvegarder le patrimoine familial des dilapidations et des ruines ; pour cela il a donné aux héritiers la réduction, dont l'exercice fera rentrer dans le patrimoine les biens qui dépassent la quotité, au delà de laquelle il n'était pas permis au donateur de s'appauvrir.

traire à l'ordre public. » Quel est l'ordre public en matière de réserve ou de rapport ? Il faudrait précisément éclaircir ce point. Nous estimons, pour notre part, qu'il est si bien déterminé par les chap. du Code qu'il ne laisse aucune place à la volonté des parties.

(1) Cf. cependant, Baudry-Lacantinerie et Wahl, *Successions*, II, chap. III, n° 2766.

CHAPITRE V

L'APPAUVRISSEMENT DU DONATEUR ET LE RAPPORT A SUCCESSION

Le principe que nous venons de dégager pour le calcul de la masse réductible, est-il aussi vrai quand il s'agit du rapport ? Notre réponse n'est pas douteuse pour qui veut bien se souvenir que ce principe n'est pour nous qu'une application de l'idée, imparfaitement exprimée dans notre Code, mais qui n'en a pas moins inspiré nos législateurs, que la donation est une « diminution du patrimoine du donateur ». Mais, cette définition n'ayant été jusqu'à présent expressément inscrite que dans un Code étranger, nous ne pouvons songer à la prendre comme base pour des inductions nouvelles. Force nous est donc de nous livrer, pour le système prévu par l'art. 829 et organisé par les art. 843 et s. de notre Code civil, à la même étude particulière que nous avons entreprise pour la réserve héréditaire.

D'autant qu'*à priori*, si inharmonique que puisse apparaître une solution différente dans les deux matières, elle n'aurait rien de contradictoire. Tout au contraire démontre, aussi bien dans les longues discussions théoriques instituées lors des travaux préparatoires, que dans les conséquences pratiques dissemblables dégagées par les commentateurs du Code, que les deux institutions juridiques sont basées sur des fondements totalement différents. Le rapport, étant une réaction violente contre certains abus datant du droit féodal, contre les préciputs, contre les majorats, et surtout contre le droit d'aînesse, ne peut être considéré comme le complément de la réduction qui assure simplement, conformément à la plus vieille tradition coutumière, les droits de tous les héritiers à l'encontre des bénéficiaires étrangers.

C'est pourquoi d'excellents esprits, après avoir convenu qu'il suffisait, pour que la masse patrimoniale soit ce qu'elle eût dû être, que chaque donataire rapporte fictivement ce qui est sorti du patrimoine du défunt, ont pu développer cette idée que le rapport institué contre l'héritier avantagé, imposait de considérer uniquement l'enrichissement de cet héritier (1). M. Claro, dans une thèse, sur les « Assurances sur la vie entre époux » (2), croit, non seulement possible, mais nécessaire de distinguer « ces deux institutions si voisines par certains côtés, mais essentiellement différentes dans leur but ». Il explique fort nettement sa pensée en l'appliquant au problème soulevé

(1) M. Léon Michel, le regretté professeur de Droit civil de la Faculté de Paris, soutenait cette idée dans le cours par lui professé en l'année 1898-99 et dont nous n'avons pu malheureusement nous procurer une reproduction fidèle.

(2) Claro, *Thèse* 1893, p. 273 sqq.

par l'assurance sur la vie : « *Avec le rapport, on veut égaliser la situation des divers successibles* : il faut donc s'inquiéter de ce qui a pu entrer à titre gratuit dans le patrimoine de chacun d'eux ; en cas d'assurance, c'est le capital. *Avec la réduction, on veut sauver la part des réservataires,* il faut s'inquiéter de ce qui est sorti du patrimoine du défunt : en cas d'assurance ce sont les primes ».

Le mot essentiel vient d'être dit : le but du rapport, c'est d'établir l'égalité entre les héritiers. C'est là l'axiome que nous retrouvons énoncé un peu partout, et qui suffit, paraît-il, à démontrer la nécessité du rapport du capital assuré.

Et certains, oubliant même tout à fait le point de départ du raisonnement, entrevoient ensuite la possibilité d'un retour offensif en ce qui concerne la réserve et prétendent, la solution une fois admise pour le rapport, que, « dans le silence de la loi sur la nature des libéralités sujettes à la réduction, on admet qu'il faut y soumettre tout ce dont le rapport est obligatoire » (1).

Nous nous abstiendrons de revenir sur la question traitée dans le chapitre précédent, nous bornant à faire remarquer que l'extension d'une institution à l'autre n'est admise qu'avec de grandes réserves par certains auteurs,

(1) Boistel, D. 1889, 2, 156, sous Nancy, 17 janvier 1888. Lors de son fameux arrêt du 8 février 1888, dans laquelle elle ordonnait le rapport, fictif ou réel, du montant du capital souscrit, la Cour de Cassation avait été manifestement préoccupée de sauvegarder le « principe de l'égalité des partages », qui, régissant toute la matière, imposait et justifiait sa double solution. Les commentaires de M. le conseiller Crépon, dans la note qu'il fit inscrire au Sirey (1888, 1 121 §, 5), ne laissent aucun doute sur ce point.

en ce qui touche « l'état » seulement des donations réductibles, non en ce qui concerne leur « valeur ».

Du reste, pour nous, la question n'a pas d'intérêt, puisque nous sommes convaincus que la volonté du législateur est nettement exprimée en ce qui concerne la réserve.

Au surplus, nous estimons que la position prise pour le rapport est d'autant plus forte qu'elle est mieux limitée. S'il est exact, en effet, que la loi ait marqué une opposition entre les deux institutions, si l'on admet qu'elle a conçu le rapport comme ayant un but spécial, celui d'établir l'égalité absolue entre les cohéritiers, il s'ensuit sans doute « qu'il faut que le patrimoine du *de cujus* ne se soit pas appauvri au profit de l'un d'eux seulement », mais cela est-il suffisant ? Et ne faut-il pas de plus « qu'aucun des héritiers ne se soit enrichi plus que les autres, par le fait d'un acte libéral du défunt à son égard. » Ainsi pense M. Claro, et sa thèse ainsi présentée vaut encore une fois la peine d'être étudiée.

Que le législateur ait voulu établir un partage équitable des biens d'un *de cujus* entre ses cohéritiers, nous en convenons sans peine, ayant nous-même déjà reconnu contre quels abus de l'ancien régime le rapport avait été institué ! Nous admettrons même que cette institution doit aboutir, dans la pensée des rédacteurs de notre Code, à autre chose qu'à un régime d'équité. C'est une « égalité » des enfants que l'on a voulu organiser, dans la famille, sur le modèle de l' « égalité » instituée entre citoyens, dans l'Etat.

Voyons maintenant, en nous reportant aux travaux préparatoires, comment cet idéal philosophique a été traduit en réalités juridiques, et s'il contient en germe les conséquences qu'on en prétend tirer.

Or, précisément, parmi tous les textes que l'on nous signale (1) nous ne trouvons que des considérations générales résumées dans cette phrase par le baron Locré (2) : « Le principe de l'égalité des partages, *qui lui-même dérive de l'équité naturelle*, emporte l'obligation du rapport par l'héritier du donateur ».

Fâcheux manque de précision ! Car il semble difficile d'établir la solution d'un point précis de droit sur « l'équité naturelle » !

Et l'argument de mots reprend alors toute sa valeur qui dit : « rapporter, c'est remettre à une succession ce qui en était sorti » ; car l'équité naturelle ne peut commander qu'on « rapporte » ce qui ne vous avait pas été donné.

Empruntons, pour préciser la situation, un exemple à M. Claro lui-même (3). Un individu, connaissant l'existence d'un trésor, aurait, négligeant de le faire tomber dans son patrimoine, indiqué dans une intention libérale, à son successible, l'endroit où gisait ce trésor, et procuré ainsi la part que la loi accorde à l'inventeur.

(1) Procès-verbal du Conseil d'Etat, séance du 23 nivôse an XI, nos 9. sqq. dans Locré, X, p. 127 ; Treilhard, *Exposé des motifs au Corps Législatif*, IX, n° 33, *op. cit.*, p. 198 ; Chabot (de l'Allier), *Rapport au Tribunat*, X, nos 44 sqq. *op. cit.* p. 256 ; Siméon, *Discours au Corps législatif*, XI, n° 40, *op. cit.* p. 301.

(2) Locré, page 31.

(3) Claro. *Thèse*, p. 275.

M. Claro estime l'hypothèse « peu vraisemblable », mais n'hésite pas à déclarer que « le successible devrait le rapport, bien que rien ne soit sorti du patrimoine du *de cujus*... » Ce qui nous paraît peu vraisemblable, c'est moins encore l'hypothèse formulée, que la supposition que le législateur ait pu concevoir un semblable « rapport » comme commandé par l'équité, qu'il ait pu considérer comme naturel et possible qu'un héritier intente une action fondée sur une preuve qu'il prétendrait apporter que son cohéritier a été conseillé, ou inspiré par le *de cujus*. Il semble qu'on pourrait aller loin dans cette voie, et se demander s'il faut aussi, en cas d'influence hypnotique ou de volonté suggérée, ayant procuré la fortune à un successible, décider que celui-ci doit « rapporter » à la masse le bénéfice par lui acquis. Sans vouloir même pousser la théorie jusqu'à ses conséquences absurdes, il faut admettre qu'une position brillante obtenue grâce à l'influence d'un père (nous ne parlons pas de l'établissement qui suppose des dépenses sérieuses), un heureux placement de fonds conseillé par sa sagacité, des cartes permanentes de circulation gratuite procurées sur les chemins de fer, bref tous les avantages que la bienveillance d'un père ne marchande à aucun de ses enfants, parce que cela ne nuit pas aux autres, entraînent une obligation de rapport du moment qu'ils n'en sont pas exemptés formellement par l'art. 852.

Cela nous paraît non seulement singulier comme « rapport », mais il nous semble que cela cadre peu avec la traduction juridique donnée par le législateur du principe de l'égalité, dans l'art. 829 d'abord, où il est dit que le cohéritier doit tenir compte « des dons qui lui ont été faits et des sommes dont il est débiteur », et dans l'article 843 surtout, d'après lequel « tout cohéritier, venant à une succession, doit rapporter à ses cohéritiers *tout ce qu'il a reçu du défunt*, par donation entre vifs, directement ou indirectement ».

Si on a soin de placer à côté de ce dernier article, le langage du Code, quand il traite des récompenses, dues par un époux à la communauté « toutes les fois que l'un des deux époux ***a tiré un profit personnel des biens de la communauté*** » (1), on voit que le législateur a parfaitement exprimé ce qu'il voulait dire. Quels termes différents, dans le cas de récompense, lorsqu'il a voulu que l'on tienne compte, non pas seulement de ce qui a été déboursé par la communauté, mais aussi de l'enrichissement procuré à l'époux bénéficiaire, au delà duquel, en revanche, la récompense ne doit jamais s'élever ! Pothier disait déjà : « Toutes les fois que l'un des époux s'est enrichi... » (2) ; ce terme même n'a pas paru suffisamment expressif pour indiquer une valeur qui peut varier chaque jour.

Comment se fait-il que le Code n'ait pas, pour le moins, repris l'expression de Pothier, s'il a voulu organiser le rapport à succession en tenant compte de la valeur du patrimoine du donataire ? Il nous semble que, pour les partisans de cette thèse, une explication est inéluctable.

(1) Art. 1437, C. civ.
(2) Pothier. *Communauté*, n° 613.

Cependant, comme lorsqu'il s'agissait d'étudier la réserve, dans le chapitre précédent, nous n'insisterons pas sur ces arguments de texte. Il nous suffisait de constater que ceux-ci sont loin d'être favorables à la solution préconisée par M. Claro.

M. Boistel, il est vrai, ne paraît pas estimer qu'il y ait là un obstacle : « En ce qui concerne le rapport et la réduction, l'avantage que le *de cujus* a procuré au bénéficiaire en refusant de l'acquérir pour lui-même, *l'obvention* qu'il a détournée de son propre patrimoine, pour la faire parvenir dans le patrimoine de celui qu'il a entendu gratifier, constituent des libéralités indirectes soumises à toutes les règles restrictives de la loi » (1).

C'est que le savant professeur déclare pouvoir apporter la preuve indirecte, mais irréfutable, par l'étude d'une disposition de la loi, que le Code fait rapporter le manque à gagner. Nous voilà donc amenés à l'étude de la nature du rapport, suivant la méthode que nous avons employée pour la réserve, d'après les solutions données par la loi pour certains cas particuliers. Nous constatons avec plaisir qu'on nous apporte enfin autre chose que des arguments négatifs.

Il s'agit du cas prévu par l'art. 854 : La loi, se défiant à juste titre des sociétés faites entre un défunt et son successible, et prévoyant que la plupart du temps ces associations ne seront qu'une manière détournée d'avantager un cohéritier aux dépens des autres, établit la présomp-

(1) Boistel, note précitée, D. 1889. 2. 155.

tion que ces associations constituent une donation. Elle ne les dispense donc du rapport que lorsqu'elles ont été réglées « par acte authentique et sans fraude ».

Ce dernier mot a donné lieu naturellement à de longues controverses théoriques. Nous acceptons l'explication qu'en donne M. Boistel ; l'étroite liaison entre l'art. 854 et l'article précédent indique que le mot fraude prend ici un sens spécial. Il vise simplement les inégalités que le pacte social aurait pu établir entre les deux associés, comme la stipulation pour l'héritier d'une part plus forte dans les gains que dans les pertes, ou d'une part dans les gains non proportionnelle à sa mise. En un mot la « fraude » c'est, en l'espèce, l'avantage indirect dont parle l'art. 853.

De ces prémisses, voyons maintenant quelle est la conclusion tirée par M. Boistel :

« Il est évident, écrit-il, que, dans une association avec des droits inégaux pour les deux parties, les profits qui entrent dans le patrimoine du successible ne sortent nullement de celui du *de cujus* ; celui-ci ne s'appauvrit pas par l'effet de ces stipulations ; il manque simplement de gagner la part plus forte qui devrait lui revenir dans ces profits ; il détourne le cours de ces profits pour les faire arriver dans le patrimoine du successible au lieu d'arriver dans le sien.

« Or, on l'a montré plus haut, c'est exactement ce qui arrive dans l'assurance au profit d'autrui : l'assuré pouvait laisser arriver dans ses biens le capital promis, puisque la compagnie, traitant avec lui, s'offre de le payer à qui il voudra; au lieu de cela, il le fait entrer, sous diverses conditions, peu importe! dans les biens du bénéficiaire. Il y a donc pour celui-ci un avantage indirect, d'une nature identique à celui qui est prévu par l'art. 854 C. civ.; le rapport en est donc dû... ».

Nous avons tenu à donner intégralement l'application faite par M. Boistel de son argument à l'assurance sur la vie, bien que nous n'entendions pas quitter dans ce chapitre le terrain des généralités, parce qu'il permet de bien saisir comment la question doit être posée.

Or tout de suite une remarque s'impose :

Il ne faut pas plus poser en principe, qu'au moment où une association est constituée, entre deux parties quelles qu'elles soient, il n'y a pas de place pour un appauvrissement, qu'on ne peut soutenir que le capital assuré sur la vie est un profit acquis au bénéficiaire sans qu'il en coûte rien au stipulant. Au début d'une association, il est nécessaire que chaque associé apporte au fonds social, qui son industrie, qui son capital. Industrie ou capital constituent indifféremment une valeur dont l'associé s'appauvrit au profit du fonds commun.

Cela posé, il nous semble que M. Boistel a bien vite fait de déclarer évident, non pas que les profits réservés au successible ne sortent pas du patrimoine du *de cujus*, cela est incontestable, mais que ce *de cujus* n'est privé que d'un manque à gagner.

Si, dans une association de capital où *Primus*, le *de cujus*, a apporté 100.000 francs, et *Secundus*, son successible seulement 50.000, il est convenu cependant qu'à la liquidation sociale, les fonds seront partagés par moitié, on ne peut dire que le profit réalisé par *Secundus* ne coûte rien à *Primus*.

Le calcul est bien simple : ce dernier, pour faire un avantage indirect à son fils, s'est appauvri de 25.000 francs. Nous trouvons tout naturel qu'il soit dû rapport de cette somme à la succession, et nous ne voyons là rien qui heurte la position que nous avons prise.

Mais ce n'est peut-être pas à ce cas que songe M. Boistel. Nous n'avons pas, en matérialisant l'hypothèse, compté le « profit » proprement dit de l'association. Le capital de 150.000 francs n'est pas demeuré improductif ; supposons qu'au bout de 10 ans, quand le partage a eu lieu, 90.000 f. représentent le bénéfice de l'association, qui ont été, d'après la convention, répartis par moitié entre les deux associés. *Secundus* a touché ainsi 45.000 francs de bénéfice, alors qu'il n'aurait dû lui revenir que 30.000 (son apport ayant été à l'origine 1/3 du capital social). Or, il n'y a pas appauvrissement du *de cujus*, il y a eu pour lui simple manque à gagner de 15.000 f. Pourtant *Secundus* en doit le rapport à *Primus*.

Si cette solution découle nécessairement de l'art. 854, nous reconnaissons que l'argument de M. Boistel conserve toute sa force (1). Mais il y aurait lieu de prouver que cet

(1) La force de l'argument disparaîtrait dans le cas où ce seraient des immeubles et non des meubles qui auraient été mis en commun. En effet, l'art. 860 prescrivant d'apprécier la valeur des immeubles à l'époque de l'ouverture de la succession, comme s'ils étaient encore

article commande de rapporter « tout » le profit indûment réalisé par le co-associé successible. Or, M. Boistel n'apporte aucune justification. Et c'est justement toute la question. Pour nous, nous sommes plutôt d'avis que le législateur n'a pas voulu faire rapporter autre chose que l'appauvrissement réel du donateur (1).

On ne peut, en effet, isoler l'art. 854 de l'art. 853 : les deux dispositions se complètent, et c'est en nous appuyant sur l'art. 853 que nous avons pu définir le sens du mot fraude dans l'art. suivant. Or l'art. 853 ne laisse planer aucun doute sur le sens du mot « profit ».

Les profits, que l'héritier a pu tirer de conventions passées avec le défunt, ne sont pas rapportables, « si ces conventions ne présentaient aucun avantage indirect, *lorsqu'elles ont été faites.* »

C'est dire qu'il ne faut pas assimiler aux dons faits au successible, par voie indirecte, au moment de la convention, les bénéfices que le défunt aurait pu procurer à celui-ci sans rien lui donner du sien, et qui ne sont pas rapportables. Comment alors peut-on supposer que le législateur entende différemment les profits quand la convention affecte la forme particulière d'une association ?

dans le patrimoine du donateur, la part de bénéfices comptée en trop au successible, ne représenterait que l'accroissement de valeur des immeubles qui se serait produit dans le patrimoine du donateur. Il n'y aurait donc pas pour lui «manque à gagner », mais appauvrissement de cette somme.

(1) Il faut remarquer que, dans le cas où l'idée d'association ne serait pas entrée réellement dans l'esprit des contractants, et où il y aurait simple moyen de déguiser une donation, la jurisprudence admet que l'acte tomberait dans son entier.

qu'il veuille que l'on se place à un moment tout à fait différent, quand l'association, faite primitivement avec « fraude », prend fin ? Encore une fois ce serait supposer que l'art. 854 ne part pas de la même idée que l'article 853.

Or, cela ne nous paraît pas soutenable : « La disposition, écrit Demante, qui affranchit du rapport les associations, *n'est vraiment qu'une conséquence du principe général* qui réserve au successible les profits des conventions passées avec le défunt. Aussi est-il à croire que la limitation aux associations faites sans fraude n'exprime pas d'autre idée que celle qui, pour réserver les profits, exige que les conventions *au moment où elles ont été faites*, ne présentent aucun avantage indirect » (1).

Quand donc *à contrario* il y a donation indirecte, ce qui s'apprécie au moment de l'association, il faut rapporter la valeur de celle-ci.

Pour calculer cette dernière, on doit se reporter aux règles générales établies dans les art. 860 et 868, se placer tantôt au moment de l'acte, tantôt au moment du décès. C'est dire que, selon nous, l'art. 854 n'apporte, pas plus que l'art. 853, une certitude dans le sens où l'entendait M. Boistel. Tout au contraire, ces deux dispositions de loi établissent de façon évidente que les profits qui ne coûtent rien au donateur sont légitimement acquis au donataire, qui n'en doit pas le rapport.

(1) Demante et Colmet de Santerre, *Code Civil*, III, 189 *bis*, II.

La loi n'intervient que, quand un appauvrissement est prouvé dans un cas (art. 853), présumé simplement dans l'autre (art. 854). L'enrichissement la laisse indifférente.

Nous en revenons à la thèse que nous formulions pour la réserve. Le point de vue du législateur serait le même pour les deux institutions. C'était déjà l'opinion de Demolombe, d'après lequel « le rapport a pour but d'empêcher qu'un avantage fait par le défunt à l'un de ses successibles *ne diminue la part des autres,* en augmentant la part du successible avantagé ; donc *le rapport est inapplicable à une dépense qui, par sa nature, est réputée avoir laissé le patrimoine du défunt dans le même état que si elle n'avait pas été faite...* (1).

Demante exprime la même idée, pour expliquer la solution qu'il donne de plusieurs cas particuliers.

Ainsi l'art. 855 exempte du rapport l'immeuble qui a péri par cas fortuit et sans la faute du donataire. La même question se pose que pour la réduction : Que décidera-t-on dans le cas où l'immeuble a péri après avoir été aliéné par le donataire ? Le donataire ne devra-t-il pas rapporter le prix de l'aliénation qu'il a faite ?

Si l'on décide que non, l'égalité absolue entre les cohéritiers sera rompue, puisque l'un des successibles, gardera, sans avoir à en rendre compte, une somme importante, et qui constitue pratiquement la valeur de la libéralité qui lui avait été faite. Demante cependant, et nous

(1) Demolombe. *Successions*, IV, n° 406.

ne croyons pas que la pratique ait tranché la difficulté dans un autre sens (1), n'hésite pas à reconnaître que « le donataire doit garder son prix. Et cela n'a rien d'inique, ni de contraire aux principes ; *car, ce n'est pas dans ce prix que consistait l'obligation conditionnelle, c'est dans l'immeuble lui-même*, que la vente n'empêchait pas de rester dans la succession jusqu'à l'époque de l'ouverture ».

Si l'on veut abandonner cette base simple et connue : « ce qui est sorti du patrimoine pour être donné », on s'expose à de graves mécomptes, en même temps qu'on méconnaît l'intention de la loi (2).

(1) Cf. Cass. 31 mars 1818, P. 51 p. 225 ; Bordeaux 17 juillet 1845, S. 46. 2. 440.

(2) Cf. Demolombe, *Donations*, II, n° 522; Coin Delisle, n° 14 ; Saintespès Lescot, II, n° 398.

Cette hypothèse est surtout instructive en ce qu'elle montre le vice des raisonnements qui supposent ce que le défunt aurait fait pour lui s'il n'avait pas contracté l'assurance au profit d'un tiers : « L'assuré pouvait laisser arriver dans ses biens le capital promis... ; au lieu de cela, il le fait entrer, etc .. (V. Boistel cité *suprà* p. 123)... Il est donc parfaitement juste de faire rapporter l'avantage qu'il eût retiré lui-même de l'opération, s'il n'avait obéi à sa pensée généreuse.

Demante réfute définitivement l'objection en ce qui concerne l'immeuble vendu par le donataire.

« Il est vrai, dit-il, *que le défunt s'il n'avait pas donné, aurait pu* vendre lui-même et en laisser le prix dans sa succession. *Mais rien ne prouve qu'il l'aurait fait*, et il ne suffit pas d'une hypothèse pour attribuer à sa succession le profit d'une opération qui lui est étrangère.

De même, répondrons-nous, rien ne prouve que s'il n'avait pas voulu avantager son successible, le défunt eût consacré à une assurance une partie de ses revenus. Peut être, les eût-il économisés, il les eût beaucoup plus probablement dépensés. En admettant même qu'il se fût adressé à une compagnie d'assurances, on peut supposer, non sans vraisemblance, qu'agissant pour son compte, il eût contracté une assurance « différée ». Dès qu'on entre dans la voie des hypothèses, que d'une libéralité actuelle, on veut passer à une opération différente, à un contrat à titre onéreux supposé, il est impossible d'aboutir.

Nous n'ajoutons rien, croyons-nous à la pensée de Demante, et sa solution doctrinale n'est pas basée uniquement sur ce fait que le donateur est resté étranger à la vente faite postérieurement par le donataire. Voici en tout cas une autre hypothèse qu'il prévoit et qu'on ne pourra nous reprocher de mal interpréter. Le savant auteur, èxaminant une libéralité possible avant la loi militaire du 28 juillet 1872, se demande s'il faut faire rapporter par le successible lès sommes qui ont été déboursées par le défunt pour l'affranchir du service militaire. Sa réponse est affirmative : cette donation tombe sous l'application de l'art. 851. Il y a là une véritable dette du donataire dont il doit compte à ses cohéritiers.

Si le *de cujus* a payé directement le remplacement, aucune difficulté. La somme payée, correspond à l'avantage procuré au successible ; elle représente la valeur, fixée par la loi de l'offre et de la demande, de l'affranchissement du service militaire. Mais si le défunt, prévoyant dès longtemps cette occurence, a contracté une assurance pour l'acquittement de cette dette spéciale de son successible, dans le cas où il en serait frappé, le rapport est-il dû indistinctement ? Et ne sera-ce point toujours la valeur du remplacement qu'il faudra faire rapporter ?

La solution de Demante (1) est formelle. Comme dans le cas précédent le rapport n'est dû que des « sommes qui avaient été payées » par le défunt.

D'autre part, ces sommes devraient toujours être consi-

(1) Demante, III, 188 *bis.*, IV.

dérées comme ayant été employées pour l'acquittement de la dette du défunt, aussi bien sans doute quand la dette ne s'est pas produite, parce que le sort par exemple en a ainsi décidé, — quoique Demante ne prévoie pas ce cas, mais cela est rendu nécessaire par ce qui suit, — que « lorsque le contrat d'assurance émanait directement du défunt. Car bien qu'il eût payé alors sa propre dette, il n'avait pas moins libéré ainsi son successible de l'obligation du service militaire qui lui était personnelle. » Nous nous trouvons ici bien entendu en présence de l'ancienne conception de l'assurance, réalisée par le double contrat. La solution donnée est d'autant plus significative, puisque, le bénéfice de l'assurance étant considéré comme acquis par le stipulant, qui l'offre ensuite au bénéficiaire, — le défunt ayant ainsi « payé sa propre dette » dans l'intention de faire profiter de sa libération son successible, — on n'en fait pas moins rapporter au successible, non ce dont l'offre lui est faite, non la valeur du remplacement militaire, mais l'appauvrissement causé au donateur par le paiement des primes.

Voilà donc deux des plus savants interprètes de notre Code civil qui ne pensent pas que le calcul du rapport doive être fait plus rigoureusement, en ce qui concerne les donataires, que celui de la masse réductible (1).

Ce n'est donc pas improprement que Locré aurait invoqué la simple « équité naturelle » ; et le principe de l'éga-

(1) Baudry-Lacantinerie et Wahl, 2e édit. *Success*. n° 2766.

lité des cohéritiers ne serait pas une règle de fer, stupidement niveleuse. La loi n'aurait point eu pour but d'enchaîner les enfants à la même médiocrité ; elle eût permis à l'initiative paternelle d'encourager, de stimuler l'ardeur de l'un de ses enfants plus particulièrement doué, en l'associant à son travail, en lui procurant même pour son industrie personnelle des capitaux importants, pourvu que les sommes mises ainsi à la disposition d'un seul pour lui permettre de tenter la fortune, ne soient pas définitivement enlevées aux frères et aux sœurs, pourvu que l'enrichissement de l'un ne soit pas édifié sur l'appauvrissement des autres !

Les articles 853 et 854 ne disent pas autre chose, les précautions prises pour éviter la « fraude » sont la manifestation la plus évidente du droit du successible à ses profits tout entiers. Chose plus extraordinaire, le législateur ne s'en tient pas là ; et après avoir donné à son principe d'égalité l'interprétation la plus large et la plus économiquement bienfaisante, il considère qu'il reste de nouvelles concessions à faire au père de famille réclamant la libre disposition de ses biens ! Il ouvre au principe une brèche qu'il avait repoussée quand il s'agissait de la réserve; alors qu'aucune donation ne peut être déclarée à l'abri de l'action en réduction des réservataires, l'art. 843 permet au *de cujus* de dispenser son successible du rapport (1).

(1) Lebrun. *Traité des successions*, lib. II, chap. 3, sect. 9, quest. 1; Demolombe, *Successions*, IV, n° 420 ; Demante ; Baudry-Lacantinerie et Wahl ; M. Boucher ne s'occupe dans sa *Thèse* que du droit des réservataires au capital de l'assuré, reconnaissant que les principes de la réduction ont « quelque chose de plus ferme, de plus solide » que ceux du rapport (p. 20 et 21).

Le don ou legs « par préciput », est autorisé, — dans les limites bien entendu de la quotité disponible (art. 844), autrement il n'y aurait rien de changé aux abus de l'ancien régime ! — en sorte que l'équité telle que l'ont conçue les rédacteurs du Code apparaît très accommodante, et rend possible l'enrichissement d'un successible non seulement quand il n'est pas fait aux dépens de ses cohéritiers, mais même quand il appauvrit ces derniers, à condition toutefois que le patrimoine ne soit pas entamé dans ce qui constitue son essence même, dans la réserve.

C'est évidemment pour cette même raison dernière (qu'il ne doit pas être tenu compte d'un appauvrissement peu important), que dispense de rapport est accordée par l'art. 852 pour les frais de noces et présents d'usage, et par l'art. 856 pour les fruits et intérêts des biens rapportables, acquis avant l'ouverture de la succession.

Une dernière conséquence, tirée des dispositions du Code en ce qui concerne le rapport, établira de façon péremptoire qu'il ne faut pas se préoccuper de ce que devient la libéralité dans le patrimoine du donataire. L'art. 868 décide que, contrairement à ce qui a lieu pour le rapport des immeubles, « le rapport du mobilier se fait sur le pied de sa valeur lors de la donation ».

Peu importe le motif du législateur et qu'il n'ait pas songé aux valeurs mobilières susceptibles de plus-value avec les années. S'il avait voulu tenir compte de l'enrichissement du donataire, afin d'établir l'égalité rigoureuse au moment du décès, il devait, comme pour les immeubles, déduire le dépérissement et ajouter les augmentations possibles à la valeur résultant de l'état estimatif. En appréciant au moment de la donation la valeur du mobilier meublant, le législateur rompt l'égalité au détriment du donataire ; il la rompra à son profit quand il s'agira des valeurs mobilières. On cite toujours à ce propos un cas célèbre de jurisprudence (1) : un enfant avait reçu de son père une action industrielle (un denier d'Anzin), valant 180.000 francs, lors de cette donation, et 760.000 francs lors du décès du père ; il la rapporte en moins prenant et, comme une seconde action de même valeur se trouvait dans la succession, celle-ci est attribuée au second enfant, en sorte que chacun d'eux sort du partage, possesseur d'une valeur identique.

Voilà bien, s'il en fut jamais, une situation égale, et sans doute on a, par ce procédé, donné satisfaction au principe de l'égalité des partages ! Non, répond la Cour de Cassation (2), aux yeux de la loi, le partage est inégalement effectué, il fallait que le second enfant prélevât non pas 760.000 francs, somme équivalente à celle dont son frère bénéficiait en définitive, mais seulement 180.000, c'est-à-dire la valeur sortie du patrimoine du donateur à la date de la donation. Nous pourrions imaginer des situations analogues; qu'un père donne à chacun de ses enfants une obligation à lots de même type, et que l'un des lots sorte, l'un des enfants se trouvera avantagé dans

(1) Dupuich. *Traité*, p. 454.
(2) Req. 9 février 1880, Casimir-Périer. D. 80. 1. 313.

des proportions considérables si l'on compare son patrimoine à celui de ses cohéritiers; et pourtant il n'est pas *avantagé*, au sens unique où la loi emploie ce mot; il n'est pas tenu de rapporter une autre somme que celle cotée au cours de la Bourse le jour où a eu lieu la donation.

Mais il est inutile de formuler plus longtemps des application d'un principe qui ne peut être contesté : l'égalité des partages est tout autre chose que l'égalité du patrimoine des copartageants. Elle n'existe que par rapport aux biens sortis du patrimoine du *de cujus*.

Il sera plus intéressant de montrer que les inspirateurs les plus directs de notre droit successoral s'en étaient déjà aperçus. Pothier dans son *Traité des Successions* (1) est formel à cet égard : « Rapporter, dit-il, signifie remettre à la masse des biens du donateur quelque chose qui en est sorti ; on ne peut pas y remettre, y rapporter ce qui n'en est point sorti ; donc il ne peut y avoir lieu au rapport que lorsqu'un père ou une mère ont fait sortir quelque chose de leurs biens, qu'ils ont fait passer à quelqu'un de leurs enfants. »

Et nous croyons que tel est également le sens d'un assez long commentaire de Dumoulin sous l'art. 124 de l'ancienne coutume de Paris qui, bien que formulé en termes différents de notre art. 843 actuel, n'en est pas moins l'origine certaine du rapport tel que le conçoit le Code civil (2).

(1) Pothier. *Traité des Successions*, chap. IV, art. 5, § 2.
(2) Voici le texte de cet art. 124 : « Père et mère ne peuvent par dona-

« La coutume, écrit l'illustre auteur (1), ne s'occupe que de la disposition des biens acquis, non des biens à acquérir; cependant la règle est la même. Il n'y a qu'une seule exception (où il n'y ait pas lieu à rapport), c'est quand les biens doivent être acquis au donataire à titre gratuit, parce qu'alors le donateur ne fait qu'user de son droit; et il n'y a pas à se préocuper du donataire. Supposons qu'il stipule un fait, par exemple un usufruit. Certes il faut que l'avantage profite à tous ses successibles, dans le cas surtout où l'acquisition est à titre onéreux ... Supposons que la stipulation porte sur une servitude de passage, dont il acquiert la jouissance pour la durée de sa vie, cet avantage doit profiter à tous les successibles à condition qu'il les intéresse tous, par exemple s'il s'agit d'un fonds commun. Ou bien alors (si l'avantage ne peut profiter à tous), il doit être estimé, et le prix doit en être rapporté

tion faite entre vifs, par testament, ordonnance de dernière volonté. ou autrement, en manière quelconque, avantager leurs enfants venant à leur succession, l'un plus que l'autre ».

C'est cet article que commente Dumoulin.

(1) Voici le texte latin:

Certe hæc consuetudo loquitur quando disponens disponit de suo acquisito, sed non quando de acquirendo, tamen eadem est ratio, salvo quod ex causa lucrativa, quia tunc promittens ipse seu donator videtur hoc facere quod potest, et non donatarius : pone quod stipuletur factum, puta usumfructum. Certe oportet omnibus commoditatem acquiri, maxime si emit. Fac. quod stipuletur primo ad ejus vitam servitutem itineris certi, debet ergo ire ad utilitatem omnium, si omnium interest: puta ratione fundi communis: vel debet æstimari et aliis contribui, seu conferri. Quid si stipuletur ad fundum filii proprium? Certe ejus solius interest, et sic ei soli acquiritur, nec æstimationem conferri tenetur; quia non est diminuta hæreditas. Quid ergo si stipuletur liberationem ab uno debito proprio unius filii? [si enim ab hæreditario, non valet, quia omnibus prosit]. Respondi, valet si gratis, non minuendo hæreditatem, item fortius si stipuletur pactum de non petendo ad tempus.

(puisqu'il est entré à un moment dans l'hérédité). Qu'arrive-t-il si la stipulation est faite en faveur du fonds propre d'un fils? Certes, cela n'intéresse que le seul fils, et lui seul acquiert le droit, et pourtant il n'est pas tenu d'en rapporter l'évaluation, parce que l'hérédité n'en est pas diminuée.

« Qu'arrive-t-il de même si le père stipule une remise de dette propre à son fils ? [S'il stipulait la remise d'une dette héréditaire (en faveur de ce même fils seul), sa stipulation ne vaudrait rien, parce qu'elle doit profiter à tous]. Je réponds que cette stipulation est licite, si elle est faite à titre gratuit, sans diminuer par conséquent l'hérédité. Cela se produira à plus forte raison quand le père a fait un simple pacte temporaire de remise de dette ».

Tous ces exemples précisent la pensée de Dumoulin : en signant un pacte *de non petendo ad tempus*, en concédant à son fils une servitude, le père a procuré des avantages à ce dernier sans que son propre patrimoine en ait éprouvé aucune diminution ; dans ces conditions, Dumoulin, interprète fidèle de la coutume, déclare que ces stipulations, valables, ne peuvent donner lieu à rapport.

Nous avons donc enfin la clef du système adopté par notre Code civil ; qu'il s'agisse du rapport, ou qu'il s'agisse de la réserve, la masse ne se calcule qu'en raison de l'appauvrissement subi par le *de cujus*. Si l'on ne veut pas accepter cette notion, on ne peut trouver de règle fixe, absolue ; le juge reste condamné à des évaluations peu exactes La notion même de propriété est en quelque mesure obscurcie, puisque ce n'est pas seulement la chose donnée, sortie du patrimoine, dont l'appropriation définitive peut en somme être considérée comme suspendue jusqu'au moment où la succession du donateur aura été réglée, mais une substance différente, une parcelle incorporée du patrimoine du donataire que l'on peut prétendre saisir.

De toute évidence, une formule unique s'impose; et nous croyons fermement que celle que nous avons essayé de dégager correspond à la fois à la pensée des rédacteurs de notre Code civil, et aux fondements mêmes de notre droit social.

CHAPITRE VI

MESURE DE L'APPAUVRISSEMENT SUBI PAR L'ASSURÉ. ETUDE DE LA « VALEUR DE RACHAT ».

Le principe que nous venons de dégager dans les deux chapitres précédents doit nous permettre maintenant d'asseoir, sur une base inébranlable, les solutions particulières au contrat d'assurance.

Nous en revenons aux formules de l'arrêt de 1896 ; mais nous ne les présentons plus comme des postulats, ou, si l'on veut, comme des inductions un peu hâtives, nous les appuyons sur une règle générale contre la certitude de laquelle doivent se briser et s'évanouir toute les controverses passées.

Le capital assuré, la somme payée par l'assureur au bénéficiaire du contrat d'assurance n'est ni rapportable, ni réductible, parce qu'elle n'est jamais sortie du patrimoine du donateur ; par rapport à ce dernier, elle constitue ce que l'on pourrait appeler une « *res inter alios acta* », qui lui doit demeurer étrangère. Nous assurons donc au bénéficiaire la propriété absolue et définitive de l'enrichissement qui lui est procuré par l'intermédiaire de la Compagnie d'assurances.

Mais nous en arrivons à la contre-partie de cette solution incontestable ; et nous nous trouvons dans l'obligation de faire restituer au patrimoine du donateur l'appauvrissement qu'il a subi.

Ici, une difficulté se présente, non plus dans le principe, mais dans l'application : une difficulté d'estimation qu'il nous appartient de trancher, en examinant à nouveau la nature de l'opération faite par celui qui contracte une assurance sur sa propre vie.

Une détermination se présente immédiatement à l'esprit. Vous voulez savoir ce dont le contractant s'est appauvri ? Rien n'est plus simple ; s'il vous eût donné sa maison, de quoi vous eût-il gratifié ? du prix qu'il en eût obtenu d'un tiers. Appliquons ce calcul à l'assurance ; cela est d'autant plus aisé qu'il existe en tout cas un tiers qui ne demande qu'à acquérir, et dont les offres sont connues et fixées d'avance : c'est l'assureur. Nous connaissons déjà la clause portant que l'assurance est facultative; elle contient un corollaire auquel nous avons également fait allusion ; dans le cas où le contractant juge à propos de rompre son contrat, tout n'est pas perdu pour lui, la Compagnie lui rembourse une somme variant suivant le nombre des années qu'a duré le contrat, c'est ce qu'on appelle la « valeur de rachat ». Chaque année donc où un contractant d'assurance continue son contrat, il se dépouille au profit du bénéficiaire de la somme qu'il eût pu retirer de son assurance, et qui est rigoureusement équivalente à la valeur du rachat (1).

Au premier abord, ce raisonnement paraît irréfutable. Et nous estimons que seule une analyse consciencieuse de la nature du « rachat » permet d'apercevoir l'erreur initiale sur lequel il est fondé.

Un fait d'expérience est à la base de tout le système (2). Les chances de mortalité croissant avec le nombre des années, les assureurs eussent dû, pour rester dans la vérité mathématique, exiger de leurs contractants des primes chaque année plus élevées. Chacun sait, en effet, sans qu'il soit besoin d'entrer dans le détail, que les primes d'assurances n'ont point été fixées au hasard, mais que des tables dites « de mortalité » ont déterminé la proportion mathématique des décès et des survies pour chaque année de la vie humaine.

Or, ce rapport devant évidemment être plus fort pour des hommes de quatre-vingts ans que pour des hommes de quarante, le montant des primes qui n'est autre que

(1) M. Cosmao-Dumanoir soutient cette théorie pour les raisons suivantes :

« Ce n'est pas le montant des primes versées qui doit entrer en compte, c'est la valeur de rachat. Quand les primes sont sorties du patrimoine, elles y ont été remplacées par la valeur de rachat, et celle-ci en est sortie, au contraire, au moment où le bénéfice a acquis une valeur pécuniaire. C'est donc cette valeur de rachat qui doit être considérée ».

(Cosmao-Dumanoir. *Thèse,* Paris, p. 144. Cf. du reste Cosmao-Dumanoir *Annales de droit commercial*, 1898, p. 285 sqq.

(2) Dormoy. *Théorie mathématique des assurances sur la vie* ; Couteau I, p. 176, sqq. ; Wiedemann, *Zur rechtlichen Natur der Præmienreserve in der Lebensversicherung*.

le quotient de ce rapport doit suivre dans les tables une courbe parallèle et ascendante (1). Mais, et c'est ici que la pratique intervient, outre les complications de comptabilité qu'entraînerait l'augmentation annuelle des primes, il en résulterait pour les assureurs une grande difficulté à recruter une clientèle. Ce dernier inconvénient surtout est capital. A mesure que les forces de l'assuré décroissent, à mesure donc qu'il lui est plus difficile de gagner sa vie, prétendre exiger de lui des primes sans cesse croissantes ressemblerait à une gageure; ce serait un médiocre moyen de remplir les coffres d'une Compagnie.

Aussi l'unanimité des assureurs a-t-elle pris soin, dès le début, d'égaliser le montant des primes, les premières étant surchargées au profit des dernières (2).

La prime annuelle est donc, au début du contrat, plus forte que n'eût dû l'exiger la Compagnie, en tenant compte

(1) On peut se faire une idée de la proportion dans laquelle les primes croissent en se reportant au tarif des assurances temporaires d'un an de durée : tandis que l'assuré qui contracte à 21 ans paie 1,60 0/0, l'assuré de 30 ans paie 1,62 0/0, celui de 40 ans 1,92, celui de 50 ans 2,61 0/0 etc.

(2) Pour être complet nous devons cependant mentionner l'existence des sociétés dites d' « assessment » qui ont cru pouvoir renoncer à toutes réserves de primes. Ces sociétés ont fonctionné principalement aux Etats-Unis : en 1887, il en fut fondé 60 de ce genre dans la seule province des Massachussets. On laissait aux assurés eux-mêmes le soin de former leurs réserves ; la prime, insignifiante pendant les premières années, était augmentée au fur et à mesure que se produisaient les décès. Le grave défaut des sociétés de ce genre est qu'elles attirent, par la modicité des primes du début, un grand nombre d'assurés qui se retirent dès qu'on fait un appel plus considérable à leur bourse. Des 60 sociétés fondées en 1887, la statistique nous apprend que, dix ans plus tard, cinquante avaient fait faillite.

On peut donc considérer que ce mode d'assurance est définitivement jugé.

des probabilités mathématiques du décès. Personne du reste n'a jamais songé à le contester; tout au contraire, dans leur comptabilité, les Compagnies décomposent les sommes qui leur sont ainsi versées par les assurés: une part sert au paiement des sinistres de l'année et aux frais de la Compagnie, tandis que l'autre, faite de toutes les sommes perçues en trop sur les différents assurés, concourt à la formation des réserves. Si tous les assurés continuaient leur contrat jusqu'à la fin de leurs jours, la question perdrait beaucoup de son intérêt, devenant une simple affaire d'ordre intérieur pour la Compagnie. Mais, nous l'avons déjà mentionné plusieurs fois, nul contrat d'assurance n'existe qui ne contienne la réserve de la résiliation possible chaque année, au gré de l'assuré.

Qu'allait-il advenir, dès lors, des sommes payées par les intéressés, et qui avaient passé aux réserves? On ne les leur avait point demandées en compensation des risques courus par l'assureur, elles devaient, au contraire, être affectées à des risques futurs, qui ne sont plus à craindre, le contrat cessant. L'équité commandait de restituer aux assurés ce qui ne constituait en somme qu'un trop perçu. De là, l'offre faite par les Compagnies, aux assurés qui dénoncent leur contrat, de leur remettre une somme variable suivant la durée du contrat (1), et que, fort improprement, on a baptisé « valeur de rachat ».

(1) Le rachat ne peut avoir lieu que quand la durée du contrat a dépassé trois années. On calcule en effet que les frais d'établissement de la police, les courtages, etc... absorbent la réserve des trois premières années : il est juste que ces frais soient à la charge de celui qui dénonce le contrat.

A vrai dire, la majorité des Compagnies d'assurances n'offrent que subsidiairement le «rachat ». En cas de non-paiement de la prime au bout d'un certain nombre d'années, elles transforment d'office en un nouveau contrat d'assurance le contrat qui tombe ou, plus exactement, elles constituent un nouveau contrat « réduit » auquel elles appliquent les sommes précédemment mises en réserve, qui font dès lors l'office d'une prime unique, versée une fois pour toutes au début du nouveau contrat. Mais cette réduction n'est faite que par une présomption de volonté, qui tombe devant une manifestation contraire. Si l'assuré fait connaître son désir exprès de rompre définitivement avec l'assureur, il est toujours libre de réclamer le rachat.

Nous n'avons donc, de ce fait, aucun argument à tirer contre la théorie que nous avons vu soutenir par M. Cosmao-Dumanoir.

Nous n'attachons pas non plus une importance capitale à cette remarque de M. Boucher (1), que la valeur de la police ne correspond pas toujours à la somme provenant du rachat. « Les Compagnies se font une règle de ne pas offrir davantage, mais si un simple particulier se rendait acquéreur d'une police, il pourrait, suivant les circonstances, faire une bonne opération en payant plus que la valeur du rachat ; tout dépend, pour l'estimation du contrat, de l'état actuel de la santé de l'assuré ».

(1) Boucher. *Thèse*, p. 64.

L'observation est très juste, mais l'expression d'une possibilité, d'un fait particulier n'infirme en rien une théorie générale. Si une proposition avantageuse avait été faite au souscripteur d'assurance pour lui racheter sa police, nul doute que M. Cosmao-Dumanoir ne soit prêt à reconnaître que c'est cette somme qui doit être rapportée par le bénéficiaire. Mais, en général, on trouvera peu de spéculateurs disposés à payer, un prix élevé, une police d'assurance sur la vie.

En admettant donc que la valeur du rachat ne soit que le minimum de ce que le stipulant peut espérer retirer de sa police, il faut reconnaître que, ce minimum devant être en pratique rarement dépassé, on peut s'en tenir à lui, dans une étude qui doit rester générale.

Pour nous, il n'y a qu'un argument pour combattre la thèse que nous avons exposée au début de ce chapitre, mais cet argument nous paraît définitif.

Ce n'est point la valeur de rachat qu'il faut faire rapporter, ou réduire, parce que, de tout ce qui a été payé par le stipulant à l'assureur, durant le cours du contrat, c'est précisément la seule chose, si l'on veut bien analyser, qui n'a pas été *donnée au bénéficiaire.*

Nous n'avons qu'à rappeler ce que nous disions tout à l'heure : la valeur de rachat constitue un trop perçu par l'assureur. Et M. Cosmao-Dumanoir, bien loin de contredire notre affirmation, est aussi formel que nous-même ; « que l'on considère la réserve (1) à un point de vue d'ensem-

(1) Il s'agit de la « réserve » faite par la Compagnie, Cf. *suprà* p. 144.

ble ou au point de vue de chaque contrat, un point reste acquis: c'est que les réserves sont des portions de primes payées d'avance pour des risques futurs » (1).

Qu'est-ce à dire, sinon ceci? La Compagnie d'assurances a rempli vis à vis du stipulant un double rôle; elle a été d'abord assureur, mais aussi banquier. Elle a ouvert chaque année un compte courant au stipulant, à l'actif duquel elle a porté les sommes reçues par elle en excédent sur la prime. C'est un dépôt d'argent qu'elle a accepté de lui.

Le bénéficiaire, lui, n'entre pour rien dans cette seconde combinaison. Une seule chose l'intéresse : le contrat d'assurance, qui constitue l'unique donation qui lui soit faite. Mais l'opération de banque, le dépôt, cela ne le regarde que très indirectement. Et si, à un moment donné, l'assurance tombant, pour une raison ou une autre, le compte ouvert entre l'assureur et le stipulant se solde par un excédent au profit de ce dernier, cette « valeur de rachat » est une dette de l'assureur et non du bénéficiaire.

Ce n'est donc pas par une action en réduction ou en rapport intentée à un donataire, c'est par une action toute différente dans son principe que le recouvrement peut en être fait au profit du patrimoine du souscripteur d'assurances. En droit romain, cette action avait nom *condictio sine causa* ; en droit français, sous le nom d'action en restitution, elle est ouverte à celui qui a fait le paiement « sans cause » et à ses héritiers (2).

(1) Cosmao-Dumanoir. *Thèse*, p. 71.
(2) Cf. Cosmao-Dumanoir. *Thèse* p. 88.
« Comme les primes, déclare cet auteur, ont été versées avec l'affec-

Mais c'est ici qu'on prétend nous arrêter évidemment ! Que le « rachat » soit une restitution faite par l'assureur quand l'assuré vivant dénonce son contrat, soit ! Mais quand la mort est survenue, quand le contrat a produit son effet, il n'en est plus ainsi. On ne peut plus parler de somme possédée « sans cause » par l'assureur. Le paiement de l'indemnité est une cause suffisante de l'appréhension des sommes payées par l'assuré, primes et réserves. Et l'on invoque immédiatement un raisonnement d'espèce : un assuré, ayant versé 4 ou 5 primes, puis mourant, imposant ainsi à la Compagnie d'assurances le versement d'une somme infiniment supérieure au total des sommes versées par lui aux caisses de la Compagnie ; ce serait un singulier paradoxe que de parler cependant de « trop perçu » à « restituer ».

Et pourtant nous n'hésitons pas à le déclarer : au point de vue théorique, rien ne justifie une distinction entre les cas de rupture d'un contrat d'assurance, entre la dénonciation volontaire et la mort. Peu importe le fait que, dans un cas particulier, l'assureur ait donné un capital de 100.000 francs contre quelques milliers de francs de primes versées ; nous savons bien que les raisonnements en matière d'assurance doivent porter sur une ensemble d'opérations.

Nous avons rappelé au commencement de ce chapitre

tation spéciale de couvrir un risque par la mise en œuvre des procédés techniques, il s'ensuivra que la part des réserves correspondant au risque qui disparaît, se trouve dès lors sans cause aux mains de la Compagnie, et que l'assuré se trouvera créancier de la restitution de cette somme ».

que le calcul de la prime d'assurances est basé non sur une observation individuelle, mais sur une expérience étendue et collective. Le risque, en ce qui concerne l'assureur, n'offre donc aucun caractère aléatoire, il a la certitude d'une probabilité mathématique. L'inventaire annuel dressé par la Compagnie ne doit porter que sur des catégories d'assurés. A l'avance, et sans erreur possible, elle fait le décompte des décès qui se produiront, et des capitaux à payer, et toujours, l'année achevée, elle constate invariablement que les primes apportées par l'ensemble des assurés de la catégorie a suffi au règlement des indemnités. Peu lui importe donc de savoir à qui ces indemnités ont été attribuées et réparties ; du moment que la somme globale mise annuellement à sa disposition n'a pas été dépassée, l'assurance a fonctionné normalement, et les réserves déposées d'avance et restées intactes doivent être réparties au prorata des capitaux assurés.

Nous laisserons-nous égarer par des assimilations spécieuses ? Dans un contrat ordinaire la cause de l'obligation d'une partie est la prestation de l'autre. L'accomplissement de l'obligation d'une partie est donc un obstacle à la demande en restitution de l'autre partie.

Mais nous avons établi qu'il y a en réalité dans le contrat d'assurances deux contrats juxtaposés : l'accomplissement de l'un ne peut avoir d'influence, théoriquement du moins, sur l'autre. La preuve en est dans le « rachat » ; car il ne faut pas perdre de vue cette idée sur laquelle nous reviendrons : quand un assuré cesse son contrat, il n'y a pas en réalité rupture anticipée, il n'y a pas dénonciation faite par une partie à l'autre, moyennant dommages-intérêts, il y a contrat accompli et terminé; en échange de la prime reçue, l'assureur a fourni quelque chose ; il a donné une créance éventuelle au capital assuré. — C'est là une prestation parfaitement valable, et qui suffit, le cas échéant, aussi bien que le ferait le paiement de l'indemnité, à « causer » la prestation de l'autre partie, et à rendre, l'année terminée, le contrat inattaquable. — Nous en arrivons donc à l'identification absolue de la situation en cas de mort et en cas de « dénonciation »; et nous considérons, dans les deux cas, le contrat principal comme accompli à l'égard du bénéficiaire, tandis qu'il reste, ce que nous pourrions appeler un « quasi contrat », valable entre l'assureur d'une part, et l'assuré ou ses héritiers de l'autre, valable aussi bien qu'il s'agisse de l'un ou des autres.

Il nous reste une dernière objection à examiner, considérable, celle-là, au moins en apparence : si notre étude théorique est vraie, d'où vient que la pratique soit toute différente ?

Tandis qu'il est, à chaque instant, question devant les tribunaux de « rachat » opéré par l'assuré lui-même, comment n'y voyons-nous jamais de procès en restitution des réserves, intentés par les héritiers de l'assuré ? Les parties n'ont point l'habitude d'abandonner aucun de leurs droits. Si donc aucune réclamation n'est faite dans cet ordre d'idées contre les Compagnies, c'est probablement qu'elle n'aurait aucune chance de succès.

Nous en convenons volontiers, et nous ne prétendons pas ouvrir une nouvelle source de procès. Nous ne croyons pas que notre argumentation produite devant les tribunaux dût avoir la moindre chance de succès. C'est qu'il existe une raison bien simple, quoique à certains égards peu concluante.

Il n'y a pas lieu à restitution aux héritiers, tout simplement parce que les Compagnies d'assurances ne l'ont pas voulu. Tandis que l'unanimité d'entre elles consent à tenir compte à l'assuré de ses réserves, s'il ne veut pas continuer son assurance, aucune, jusqu'à présent du moins, n'a voulu offrir une restitution quelconque, lui étant mort.

Si surprenante que paraisse la réponse, elle est parfaitement topique. En vain on objecterait que ce serait un exemple inadmissible d'arbitraire, qu'il n'est pas loisible à une des parties en cause d'interpréter son contrat. Il n'y a pas là une interprétation de conventions : les conditions ont été ainsi offertes par l'assureur et chacun les connaissait sans pouvoir s'y méprendre.

Cependant, dira-t-on encore, s'il s'agit d'un trop perçu par la Compagnie, d'une somme déposée dans ses caisses, et restée sans cause entre ses mains, les tribunaux n'auraient-ils pas le pouvoir d'ordonner d'office la restitution ? Il n'est pas possible que notre loi, non formaliste, n'assure pas à une partie le moyen de rentrer en possession des sommes détenues « sans cause », par une autre partie.

Nous en convenons, mais il faut à un tribunal apporter une preuve, non théorique, non raisonnée, non appuyée sur des calculs généraux, mais pratique, matérielle et individuelle. Or, ainsi conçue, toute justification est impossible. Les tables de mortalité ne sont pas un barême mis à la disposition de la justice. Les tribunaux ne sont pas chargés d'apprécier la valeur mathématique du risque, et d'en déduire le montant de la prime pure. Tous ces calculs sont faits, *par* les compagnies, *pour* les compagnies, mais ne peuvent être assimilés à des tarifs légaux. Ils sont à la disposition des statisticiens et des économistes, mais non point des magistrats (1).

Un contractant ne peut donc faire la preuve qu'il a payé pour être assuré une somme plus considérable qu'il n'aurait dû : de lui à la Compagnie le contrat était essentiellement aléatoire, et il eût accepté des tarifs dix fois plus élevés qu'il n'eût pu demander aucune restitution sur le montant de ses primes.

Si donc le « rachat » a lieu, si une restitution est faite,

(1) Cass. 5 fév. 1894, D. 94.1. 134 : « Les Compagnies d'assurances contre l'incendie sont maîtresses de leurs tarifs, et la détermination du taux des primes qu'elles stipulent des assurés, dépend des conditions librement débattues, lors de la rédaction des polices qui consacrent leurs engagements réciproques ».

V. de même : Cass. 16 mai 1900, D. 1900. 1. 585:

« La valeur d'une nue propriété dépendant de la valeur de l'usufruit et celle de l'usufruit étant elle-même subordonnée à la durée nécessairement incertaine de la vie humaine, la vente de la nue propriété d'un immeuble est essentiellement aléatoire et ne peut être attaquée pour cause de lésion. Les tribunaux ne peuvent donc, en se fondant sur des calculs de probabilité, déterminer utilement la valeur minima de la nue propriété, et violent la loi en prononçant la rescision pour lésion sous le prétexte que la comparaison de cette valeur avec le prix de vente ferait ressortir, au préjudice du vendeur, une lésion de plus des sept douzièmes. Cf. Cass., 7 août 1889, D. 90. 1. 174).

dans certaines conditions, à l'assuré, ce n'est pas par suite d'une obligation de la Compagnie, — tout au moins d'une obligation autre que théorique, — c'est par l'effet de sa bonne volonté. Il y a là une concession gracieuse de sa part, un avantage fait à ses assurés, de la même manière par exemple qu'elle octroie parfois la participation aux bénéfices (1). Si donc une Compagnie d'assurances, pour une raison ou pour une autre, rayait des polices qu'elle offre à ses contractants, la faculté de rachat, nul recours postérieur n'existerait au profit de ceux qui auraient accepté les contrats ainsi modifiés.

Cela est si vrai que quelques auteurs n'ont pas hésité à souhaiter l'introduction, par voie législative, de dispositions spéciales assurant le droit de l'assuré à la valeur de rachat (2).

(1) Cf. Note Lyon Caen, sous S. 1886. 2. 226.

(2) Tissier. *Des Assurances sur la vie.* Paris 1870, p. 215 ; Berdez, id. pp., 349 et 350 ; Laurent. *La Réforme économique*, 1875, *Les Compagnies d'assurances sur la vie humaine.*

Nous doutons qu'une loi puisse jamais être votée en ce sens ; et, en effet, les Compagnies ne manquent point de bonnes raisons pour prétendre rester maîtresses de leurs tarifs : « La société, dit M. Berdez (*op. cit.*), ne saurait tolérer une confiscation qui aurait à la longue, comme effet, l'enrichissement d'un petit nombre de Compagnies, au détriment de familles besogneuses, privées de tout le fruit de leur patiente épargne ».

Mais, outre que cette confiscation n'est pas tenue secrète, et est librement acceptée, il convient de faire remarquer quelles perturbations le « droit au rachat » pourrait amener dans le bon fonctionnement de la Compagnie et, par là, quelles déceptions en pourraient découler pour les assurés eux-mêmes.

En présence d'une crise, au besoin, d'une simple fausse nouvelle, les assurés inquiets, gênés, réclameraient en masse la restitution de leurs réserves. Aucune Compagnie ne serait en état de faire face à ces situations imprévues ; les placements immobiliers qui constituent actuelle-

Les Compagnies du reste, ont bien soin de ne laisser planer aucun doute à cet égard. L'article des conditions générales des polices, qui concède la faculté de racheter les contrats, contient en même temps la mention suivante :

« Le prix de rachat est déterminé d'après les bases adoptées par décision du Conseil d'administration et en vigueur au jour de la demande de rachat » (1).

Il est bien ajouté que ce prix ne peut être moindre de vingt-cinq pour cent de la totalité des primes payées, cela du reste sans addition d'intérêts. Mais cette détermination même ne fait que souligner le caractère de concession gracieuse imprimé aux sommes rendues par les Compagnies. Celles-ci s'imposent à elles-mêmes une limite en dessous de laquelle elles ne descendront pas, parce qu'elle

ment l'emploi ordinaire des réserves auraient été rendus à peu près impossibles ; forcées de remplir leurs portefeuilles de valeurs mobilières, il arriverait dans les moments de crise que le marché surchargé ne permettrait que des ventes à vil prix. Bref ! ce serait la menace perpétuelle de l'effondrement.

Et sans supposer même des circonstances extraordinaires, étant donné le phénomène bien connu des assurés que M. Chaufton (1) appelle l'antisélection naturelle, et qui porte presque toujours les assurés arrivés bien portants à un certain âge, à demander la résiliation de leur contrat, alors que pas un des assurés malades ne veut, au contraire, et cela se comprend, rompre son assurance, on voit qu'il faut y regarder à deux fois avant de supprimer toute entrave aux résolutions anticipées. V. à ce sujet, la note envoyée par le Conseil des Compagnies françaises d'assurances sur la vie au Bureau fédéral suisse, à propos d'un projet de loi sur les assurances et qui a paru dans le *Journal des Assurances* 1897. pp. 178 sqq.

Ce projet prescrivait l'intégralité du remboursement des réserves, sauf une retenue de 2 % du capital assuré, insignifiante au bout d'un certain nombre d'années.

(1) Chaufton. *Les Assurances*, I, 115, note 2.

(1) V. Chaufton. *Les Assurances*, II, p. 293, art. 11.

est assez basse pour ne rien leur laisser à craindre. Pour le reste, elles n'entendent subir aucun contrôle ; c'est elles, et elles seules, qui apprécient la mesure des prélèvements à effectuer, et, à l'inverse, des restitutions à opérer.

Et il n'y a rien à objecter : elles ne font qu'user du pouvoir souverain qu'a tout contractant de fixer à l'avance les conditions en dehors desquelles il ne veut pas souscrire.

Il n'y a donc aucun argument à tirer, ni dans un sens ni dans l'autre, de l'opposition qui se manifeste entre nos conclusions théoriques, et les conventions pratiquement usitées. Notre affirmation conserve toute sa force : la valeur de rachat, calculée à un moment quelconque, loin de représenter l'équivalent de ce que le stipulant *a donné* au bénéficiaire, représente ce qu'il peut avoir l'intention de lui donner, soit ! mais ce que, au moment où le calcul a lieu, *il ne lui a pas encore donné*, ce qu'il ne lui donnera peut-être jamais s'il lui plaît de dénoncer le contrat. La mort arrivant à ce moment même, il ne se peut faire que cette même valeur représente le montant de l'avantage fait au bénéficiaire.

Sans doute il n'a pas plu aux Compagnies d'assurances d'aller jusqu'au bout de la logique, et de décider qu'en aucun cas, elles ne s'approprieront l'intégralité des réserves, et qu'au moment de l'accomplissement normal du contrat par la mort de l'assuré, elles les restitueront à ses héritiers ; mais cela n'a aucun effet à l'égard du bénéficiaire, qui ne profite en rien de ce qui eût pu légitimement revenir aux héritiers. Ce n'est pas à son profit que l'assureur a commis ce que M. Berdez (1) appelait une « confiscation ». L'abandon, consenti par l'assuré, de ses réserves après sa mort n'enrichit que l'assureur, et c'est une véritable gageure de vouloir en faire supporter le poids par le bénéficiaire.

Un exemple que nous avons établi d'après les tarifs en usage dans les Compagnies françaises d'assurances (2) permet de s'en rendre compte mécaniquement, si nous pouvons ainsi parler. Supposons un assuré qui contracte, à 21 ans, une assurance en vue d'un capital de 100 francs payable à son décès à un bénéficiaire désigné, la prime annuelle que lui demande la Compagnie est de 1 fr. 95. S'il meurt au bout de 10 ans, il aura versé 19 fr. 50. Admettons pour un instant que la valeur de sa donation soit égale à la valeur de rachat : c'est une somme que nous ne pouvons fixer, mais qui ne peut être inférieure à 25 0/0 du total des primes versées (3), que le bénéficiaire devra rapporter en échange du capital de 100 francs par lui touché.

Cela posé, reprenons l'exemple avec une simple variante : l'âge où le contrat a été fait est le même, l'époque de la mort aussi, de même le capital assuré est de 100 francs; seulement une interruption a eu lieu. Au bout de la neuvième année, l'assuré a demandé le rachat de son contrat,

(1) Berdez. *Op. cit.*, pp. 349 et 350.
(2) V. Dupuich. *Traité*, p. 537.
(3) V. *suprà*, p. 154.

faisant immédiatement, et au profit de son bénéficiaire primitif, une seconde assurance identique à la première moyennant une prime annuelle de 2 fr. 40.

Il faudra donc admettre l'année suivante, quand la mort de l'assuré aura donné ouverture au droit du bénéficiaire, que ce dernier n'a aucun rapport à faire à la succession puisque le rachat de la nouvelle police était impossible.

Nous arrivons à ce résultat singulier que, pour une même donation de 100 francs, un donataire peut avoir ou n'avoir pas de rapport à faire à la succession de son donateur : cela dépend d'une circonstance entièrement étrangère à sa volonté.

Une telle contradiction est inadmissible : il ne peut y avoir qu'une façon d'apprécier la valeur d'une donation. Et les procédés de comptabilité, en usage pour régler les rapports de l'assureur avec l'assuré, ne peuvent avoir aucune influence sur la dette du bénéficiaire (1).

Rigoureusement parlant, la réserve constituée par l'assuré, et abandonnée par lui à la Compagnie d'assurances, bien loin de servir à apprécier le montant du capital à rapporter ou à réduire, devrait au contraire en être exclue, comme étant, vis-à-vis du bénéficiaire, *res inter alios acta*. Tout au plus peut-on admettre, — et ce sera notre conclusion, — que, dans le calcul de l'appauvrissement subi

(1) Une autre conséquence non moins étrange, c'est que plus la durée du contrat aurait été longue, plus la charge des primes aurait pesé sur le donateur et moins eût été considérable la somme à rapporter par le bénéficiaire, la valeur de rachat au bout d'un certain temps, diminuant avec les années.

par le donateur, il ne sera pas fait de la valeur de rachat un compte spécial. C'est qu'on appréciera la prime en bloc, telle qu'elle a été payée, sans vouloir rechercher la prime pure, bien difficile à calculer. Après tout, si la réserve constituée, puis abandonnée, n'a pas profité directement au bénéficiaire, on peut concéder qu'elle lui a servi indirectement, en ce sens surtout qu'elle a permis un contrat qu'il n'était pas possible au souscripteur de libeller différemment.

Force était à celui-ci d'accepter, telles quelles, les conditions de la Compagnie : s'il a fait un abandon de sommes, c'est qu'il ne pouvait faire autrement pour assurer au bénéficiaire le capital dont il entendait le gratifier.

Il n'est donc pas injuste que celui-ci tienne compte à la succession de son donateur de ce que l'on pourrait appeler les frais accessoires de la donation.

Mais cette concession est la seule qu'il soit possible de faire ; et nous ne pouvons guère comparer le calcul de la valeur de la donation, au moyen de la valeur de rachat, en laissant de côté toute estimation des primes qui ont servi à payer l'assurance, qu'au travail de ce statisticien ingénieux qui, pour dénombrer la population d'une ville, comptait le nombre des habitants ayant franchi dans la journée les portes de sortie.

CHAPITRE VII

MESURE DE L'APPAUVRISSEMENT SUBI PAR L'ASSURÉ (SUITE) : LA DERNIÈRE PRIME OU TOUTES LES PRIMES ?

Quelques auteurs soutiennent que le rapport ou la réduction ne peuvent porter que sur la dernière prime versée par l'assuré. Cette thèse est, en fait, il faut bien le dire, inspirée davantage par le souci de battre en brèche les règles de notre droit successoral que par la préoccupation de défendre les articles de notre Code. C'est le pis aller auquel se résignerait l'école économiste qui, à la suite de Le Play, voit dans la règle de l'égalité des partages, la source de tous les désordres sociaux. Ne demandant que le rapport d'une prime à la masse commune, elle permettrait ainsi au père de famille d'avantager considérablement l'héritier par lui choisi, dont il aurait fait le bénéficiaire de son assurance (1). Ces auteurs, convaincus avec raison qu'il est plus facile de tourner la loi que de la modifier, commencent par invoquer l'opinion des spécialistes de l'assurance tels que MM. Couteau et Mornard, qui ont

(1) *Réforme sociale*. 1897, II, p. 893 sqq.

soutenu que le contrat d'assurance sur la vie ne porte pas sur une période d'années (1). Suivant eux, malgré les apparences qui peuvent faire croire au signataire d'une assurance qu'il a passé un contrat « successif », mais unique, il faut partir de cette idée que le contrat se renouvelle d'année en année; ***il y a autant de contrats différents que d'années***. D'où ce principe : le contrat d'assurance est un contrat annuel.

On aperçoit immédiatement les conséquences que des juristes ingénieux peuvent tirer de ce point de départ : s'il faut que le bénéficiaire rapporte quelque chose de ce que l'assuré a versé, ce ne peut être que la somme qui lui procure son avantage. Les primes versées durant les années antérieures à celle du décès n'ont servi en rien les intérêts du bénéficiaire ; seule la dernière prime a eu, à son égard, un effet utile et a réellement « causé » le versement du capital assuré. Les héritiers n'ont donc d'action à exercer que relativement à cette dernière prime.

Et prenant les devants pour éviter les objections, l'on insiste. Il n'y a pas là un paradoxe théorique, l'examen de la pratique usitée par l'unanimité des Compagnies d'assurances indique bien que les primes antérieurement versées n'ont aucun effet sur le paiement du capital au bénéficiaire.

Nous avons déjà eu l'occasion (2) de faire allusion au

(1) Couteau. *Traité*, I, n° 36, pp. 135 sqq.; Mornard. *Du contrat d'assurance sur la vie*, n°s 137, sqq., pp. 74 sqq.

(2) V. *suprà*, p. 149.

système des mutualités, suivant lequel tous ceux qui s'assurent, dans les mêmes conditions d'âge, sont versés chaque année dans un groupe distinct, qui se suffit à lui-même, les indemnités à payer étant couvertes par l'ensemble des primes touchées. Grâce au calcul mathématique qui est à la base de ce système, aucune méprise n'est à craindre ; si l'on ajoute encore que chaque catégorie a ses réserves formées durant les premières années pour assurer l'avenir, on s'aperçoit que le solde final du doit et de l'avoir, établi à la fin de chaque année, se compense à peu près exactement.

Il est donc impossible de retenir à celui, à qui le décès d'un assuré du groupe crée la qualité de bénéficiaire, des primes qui, chacune des années précédentes, ont servi, dans d'autres catégories, à régler d'autres bénéficiaires. Aucun lien de droit n'unissait entre eux les différents bénéficiaires éventuels ; le hasard seul les avait placés à côté les uns des autres ; on ne peut réclamer à l'un de ces bénéficiaires des sommes qui ni directement, ni indirectement ne lui ont profité à lui-même.

Le versement des primes opéré les années précédentes a véritablement été pour ce bénéficiaire « *res inter alios acta* » ; et les principes les plus élémentaires de notre droit interdisent qu'on fasse entrer en ligne de compte pour le calcul du rapport de la réserve, d'autres sommes que celles qui ont été « données ».

Certes, on aurait pu concevoir un système de calcul tout différent, reposant sur la capitalisation des primes individuelles. Les pertes résultant pour les assureurs du décès prématuré de certains contractants auraient été compensées par les bénéfices faits aux dépens de ceux qui, vivant très longtemps, doivent payer un grand nombre de primes. Un tel système n'eût rien offert d'absurde, ni théoriquement, ni pratiquement, au moins en ce qui concerne l'assureur. Mais pour qu'il fût possible, il aurait fallu que tous les assurés fussent liés, leur vie durant, envers l'assureur, de façon à ce que l'équilibre ne pût être rompu à son détriment par le départ précipité de ses « bons » assurés, de ceux sur la longévité desquels il comptait légitimement pour recouvrer les sommes, dont les décès prématurés des autres l'avaient mis à découvert.

Or, il ne faut pas songer à exiger de l'assuré un engagement de durée indéfinie ; une Compagnie d'assurances qui voudrait opérer dans ces conditions ne trouverait pas cent personnes qui consentiraient à promettre que toute leur vie, quelle que soit leur situation de santé ou de fortune, elles subiront le fardeau des primes, qui, à un moment donné, peut devenir fort onéreux. Il a donc fallu renoncer complètement au système de la capitalisation individuelle, ce qui s'est traduit dans les statuts par un article sur l'importance duquel on a justement insisté, et dans lequel on a vu la clause fondamentale du contrat d'assurance sur la vie : « Le paiement des primes est facultatif... »

Cela donne à l'assuré liberté complète de cesser ou de reprendre chaque année son assurance à des conditions fixées une fois pour toutes. Le paiement de la prime par l'assuré opère comme une sorte de reconduction tacite, tandis que le non paiement doit être considéré non pas — ainsi que les termes de « résiliation » pourraient le faire croire, — comme une déchéance, mais simplement comme un abandon du contrat, prévu et autorisé.

M. Couteau (1) fait sur cette situation une comparaison ingénieuse. On n'est admis dans les trains de chemins de fer que si l'on a pris auparavant un billet donnant droit au parcours, les Compagnies de chemins de fer n'ont pas à se préoccuper de la personnalité des voyageurs, certaines d'avance que, pour chacun des trains qu'elles mettent en marche, il se présentera un nombre de personnes qu'elles sont en mesure de déterminer d'avance, à peu d'unités près, par les lois de la statistique. Ainsi il en est pour une Compagnie d'assurances : il faut qu'on ait pris un billet d'assurance à ses guichets pour que le droit au capital assuré existe. Le guichet est toujours ouvert, le tarif des primes est fixé d'avance, et peu importe à la Compagnie que ce soit tel ou tel individu qui se présente ; si une personne qui s'est assurée l'année précédente ne prend pas de billet pour l'année qui suit, il s'en présentera une autre pour prendre sa place dans la mutualité.

C'est donc sans aucune hésitation qu'on peut affirmer que chaque versement de primes crée un droit nouveau et ne dépendant aucunement de liens juridiques antérieurs.

(1) Couteau. *Traité*, I, p. 183, § 138.

La première convention, à l'occasion de laquelle la police est remise à l'assuré, ne possède aucune vertu par elle-même : et la preuve, c'est que si la première prime n'était pas versée, elle ne donnerait à l'assuré aucun droit à un recours en indemnité.

C'est un simple projet de convention, une promesse, émanant de la Compagnie, sur les conditions auxquelles elle consentira les contrats éventuels. Nous en revenons à cette conclusion que, chaque contrat ayant sa cause et son effet spécial, il ne saurait y avoir, sans qu'on sache pourquoi, au jour du décès, retour en arrière brusque et enjambement d'un contrat sur plusieurs autres.

Telle est du moins la thèse que soutiennent M. Thaller (1) et quelques autres disciples de Le Play, identifiant très habilement leur cause avec la théorie classique des Couteau et des Mornard. Il y a longtemps en effet que s'est posée la question de savoir si le contrat d'assurance est « un », ou s'il forme une série de contrats annuels successifs et indépendants ; des discussions fort savantes ont eu lieu (2), des contradictions se sont élevées qui ont paru rencontrer l'approbation de la majorité des auteurs. Pourtant il semble bien que jamais l'argument péremptoire n'a été apporté qui permette de considérer comme définitivement écartée la théorie de Couteau.

Va-t-il falloir rouvrir un débat qui paraissait éteint, faute

(1) Thaller. *Ref. Soc.*, 1897, II, 893.

(2) Herbault. *Traité*, n°s 187 et 188. Cf. note Lyon-Caen, S. 1886. 2. 226.

d'importance pratique, et qui va désormais, au contraire, apparaître gros de conséquences ?

A notre avis, une nouvelle controverse n'est pas nécessaire ; car c'est par un véritable abus des mots que l'on prétend déduire de la théorie du contrat annuel l'impossibilité de faire entrer en ligne de compte autre chose que la dernière prime.

Qu'il y ait un, ou plusieurs, contrats d'assurance, peu importe, et la solution est la même. Ce n'est pas la dernière prime, ce sont toutes les primes versées en vue de procurer un capital au bénéficiaire qui sont rapportables. Il n'y a là que la simple application de la règle à laquelle nous avons abouti dans les chapitres précédents et qui veut que le rapport et la réduction aient lieu de la somme entière dont le donateur s'est appauvri.

Or, quelles que soient les subtilités des raisonnements juridiques, quel que soit le mode de calcul employé par les Compagnies, qu'il y ait capitalisation, ou répartition, un fait reste vrai, invariable. C'est qu'il est, un jour, intervenu un contrat entre l'assureur et un assuré, aux termes duquel si l'assuré mourait, un certain capital devait immédiatement être versé au bénéficiaire.

Ce contrat n'a été rendu possible que moyennant le versement d'une prime par l'assuré. Sans doute, une fois l'année écoulée, la prime versée n'a plus aucune efficacité, et une nouvelle prime seule pourra produire un effet utile pour le bénéficiaire. Mais cela supprime-t-il la donation faite l'année précédente par l'assuré ? La somme remise à l'assureur est restée dans la caisse de ce dernier, ne produisant aucun effet utile pour le donateur. Elle est entièrement perdue pour lui, et perdue parce qu'il l'a donnée.

Encore une fois, aucun raisonnement ne peut contredire ce fait brutal que, le jour de son décès, le donateur s'est appauvri de toutes les primes qu'il a versées. Il importe donc peu que les primes versées chaque année, depuis le jour où la police a été signée, ne soient entrées ni directement, ni indirectement dans le patrimoine du bénéficiaire.

Il n'est pas nécessaire de prouver son enrichissement pour pouvoir l'obliger à une restitution. Il faut et il suffit pour qu'il y ait lieu au rapport et à la réduction que l'assuré se soit appauvri dans une intention libérale envers le bénéficiaire. Le versement de primes, avec désignation du bénéficiaire, pour recueillir le capital éventuel, constitue la donation. Le reste est purement surérogatoire et n'importe pas plus que n'importerait, par exemple, la chute de la maison donnée, ou le gain d'un lot au moyen d'un billet donné.

On ne peut comparer la situation juridique dans le cas d'assurance sur la vie avec celle qui résulterait d'une donation directe sans condition suspensive ou résolutoire. Dans ce dernier cas, si l'événement ne se réalise pas, la donation est considérée comme n'ayant jamais été faite, et en conséquence chacun admet qu'il n'y a lieu ni à rapport, ni à réduction. C'est qu'en effet, le non événement de la condition suspensive, ou l'événement de la condition résolutoire, rend au donateur la libre disposition de la chose donnée. Il ne subit aucun appauvrissement. Nous en revenons toujours à notre principe : pas d'appauvrissement, pas de donation.

Nous pouvons, il est vrai, prévoir qu'une série d'objections va se présenter immédiatement à l'esprit. N'est-elle pas singulière, cette donation, que l'on ne peut apprécier que d'un seul côté ? N'y a-t-il pas un véritable paradoxe à dénommer « gratifié » un homme qui n'a rien reçu, et d'obliger ce « gratifié » à la restitution de ce qu'il n'a jamais touché ?

C'est ici qu'il est nécessaire de préciser. Le bénéficiaire n'a rien reçu, dit-on. Il faut s'entendre. Il n'a pas reçu un sou de l'argent versé sous forme de primes à la Compagnie d'assurances tant que le décès ne s'est pas produit. Soit ! Est-ce à dire que l'appauvrissement du donateur ne lui ait rien rapporté ? N'avait-il pas, du jour du versement, un droit de créance à un bénéfice éventuel ?

Ce droit avait une valeur le jour où il lui a été donné ; postérieurement sans doute nous pouvons constater que, le décès ne s'étant pas produit dans l'année, la créance s'est réduite à zéro ; mais cela n'enlève rien à la valeur primitive du droit de créance. Dans tous les contrats aléatoires le même phénomène se produit : on ne peut mesurer la valeur d'une prestation aléatoire, en calculant après coup ce qu'elle a rapporté, autrement il n'y aurait plus rien d'aléatoire. Au moment où l'assuré signait le contrat d'assurance et versait l'argent de sa prime, le bénéficiaire ignorait si le décès de l'assuré assurerait ou non son droit au capital assuré ; sans doute, si l'on eût prétendu que la valeur de la donation à lui faite était égale au montant du capital assuré, il se fût récrié, expliquant qu'il n'avait aucune certitude de toucher le capital stipulé. Et il aurait eu raison. Mais il eût également difficilement renoncé, sans compensation, à sa désignation comme bénéficiaire de l'assurance ; celle-ci avait donc pour lui une certaine valeur.

Si la Compagnie, par exemple, lui avait, au lendemain du contrat, signifié qu'elle entendait déchirer la convention, et ne pas le laisser profiter de sa créance éventuelle, nul doute qu'il n'eût intenté une action en dommages-intérêts basée sur un préjudice subi, et qu'il n'eût été reconnu bien fondé dans sa demande.

Il résulte *à contrario* de cette constatation que, lorsque l'assurance n'a pas été faite dès l'abord en vue d'un bénéficiaire déterminé, il faut attendre avant de parler du rapport des primes. Qu'adviendrait-il, en effet, si la mort de l'assuré se produisait avant la désignation d'un bénéficiaire? Le capital serait versé par l'assureur aux héritiers de l'assuré. Peu importe donc à un bénéficiaire l'appauvrissement de l'assuré, antérieurement à l'époque où il a été désigné ; que cet appauvrissement ait pu profiter à un tiers, ou aux héritiers de l'assuré, cela est indifférent en ce qui le concerne : il s'agit du rapport et de la réduction de *sa donation*. Pour le temps où il ne *lui* était rien donné, il n'a aucune obligation.

Cette réserve découle nécessairement de notre principe. Et nous n'avons aucune hésitation à la formuler parce que nous la trouvons toute naturelle.

Pourtant M. Boucher (1) considère que cet aboutissant de notre théorie est une preuve que notre point de départ est inexact. « Faut-il dire que ce sont les primes seulement versées depuis l'attribution du bénéfice à un tiers qui constituent l'objet? Mais alors, plus tardive sera cette attribution, moins importante sera la libéralité, et, par une conséquence incroyable, préférable sera la situation du bénéficiaire, puisqu'il subira sur une somme moindre le rapport et la réduction, tout en recevant le même capital assuré! Voici donc un donataire qui sera d'autant plus avantagé que la somme à lui donnée sera moindre! »

La formule de M. Boucher ne nous paraît contradictoire qu'en apparence. Nous trouverions, au contraire, parfaitement injuste qu'on fît restituer, à un donataire de la dernière heure, la même somme qu'à un donataire qui, depuis de longues années, a été inscrit comme bénéficiaire éventuel d'une assurance, en faveur de qui ont été versées, an après an, une grande partie des économies de l'assuré.

L'analyse que nous avons faite précédemment nous dispense de démontrer à nouveau que le nombre plus élevé des chances de toucher la somme assurée justifie l'exigence d'un rapport et d'une réduction plus considérables.

Mais il est un autre ordre d'idées que nous avons jus-

(1) Boucher. *Thèse*, p. 59. sqq, Cf. *id*. p. 93.

qu'à présent laissé dans l'ombre, et que nous ne pouvons omettre en ce moment.

Croit-on vraiment que tout soit dit, en matière d'assurance, quand on fait un calcul? Pour apprécier la valeur de la donation, suffit-il d'être muni de tables mathématiques? Et faut-il compter pour rien la sécurité, la tranquillité, l'assurance en un mot, qu'a procurées, pendant les années écoulées, au bénéficiaire, le contrat signé par l'assuré?

Tandis que ce dernier payait régulièrement chaque année les primes, il fournissait à la femme, à l'enfant, à l'ami, au sort duquel il s'intéressait, la certitude que, si une circonstance prévue et redoutée, si la mort le faisait brusquement disparaître, eux, bénéficiaires de l'assurance ne seraient pas atteints dans leurs intérêts matériels, car il leur avait garanti un capital. C'est véritablement remettre en question l'utilité sociale de l'assurance que de soutenir, après cela, que la situation du bénéficiaire désigné pendant de nombreuses années n'est pas privilégiée et qu'il n'y a pas pour lui un avantage dont il est tout naturel de tenir compte, au moment des restitutions à faire aux héritiers de celui qui, libéralement, a assuré cette situation.

Contrairement à l'avis de M. Boucher, nous ne trouvons donc aucun autre inconvénient à la formule suivante que sa trop grande évidence : un bénéficiaire aura d'autant moins à rapporter que les sommes à lui affectées auront été moindres.

Si je donne à *Primus* un billet de loterie, et que j'en

donne cent à *Secundus*, il est évident que *Secundus* devra rapporter à mes héritiers cent fois plus que *Primus*. Aucun événement causé par le hasard ne peut modifier cette notion claire, et quand bien même le seul billet de *Primus* aurait rapporté 100.000 fr. à son propriétaire, *Secundus* n'ayant au contraire gagné aucun lot, il n'en serait pas moins dû par *Secundus* aux héritiers du donateur, une somme cent fois plus forte que par *Primus*.

Notre théorie est bien nette : le rapport et la réduction, dûs par le bénéficiaire d'une assurance, portent sur *toutes* les primes qui ont été versées par le stipulant, *en vue de procurer au dit bénéficiaire*, le capital assuré.

Si le dernier héritier n'a pas à payer les faveurs faites à des bénéficiaires précédents, qui donc en tiendra compte aux héritiers du donateur? Sans aucun doute, il faudra que ceux-ci s'adressent aux bénéficiaires précédemment désignés, qui, pour une raison ou une autre, n'ont pas été appelés jusqu'au bout au bénéfice éventuel de l'assurance (1).

(1) Il va sans dire que cette faculté pour les héritiers est toute théorique, parce qu'en fait les bénéficiaires, ou leurs héritiers, signifieront immédiatement leur intention de ne pas accepter la donation qui leur avait été faite. C'est ainsi que le comprenait Couteau dès 1881 (Cf. Couteau, *Traité*, II, 532). « Supposons, écrit cet auteur, une assurance au profit d'un tiers, contractée au moyen d'une prime unique. Quelle est la libéralité ? Le capital nécessaire à cette prime unique. Quelle est la portion de fortune distraite de ce patrimoine ? Ce même capital. C'est ce capital que les héritiers réservataires ont droit de réclamer. Si bien que si par une circonstance ultérieure, la résolution du contrat était prononcée, et la somme assurée non payée, nous estimons que la réduction pourrait s'exercer sur la libéralité faite par le paiement de cette prime, exactement comme sur une libéralité dont la valeur aurait diminué ou disparu. Dans le cas usuel de l'assurance à primes annuelles, il n'en est pas autrement ».

Par contre, le dernier bénéficiaire doit tout l'appauvrissement fait, avec intention libérale, en sa faveur. Il importerait peu que le montant des primes versées soit supérieur au bénéfice touché. Comme le dit fort justement un arrêt de la Cour de Paris (1), une fois une donation acceptée par une personne « aucun principe juridique ne permet de la restituer partiellement contre les effets de cette acceptation, par le seul motif qu'elle lui serait désavantageuse » (2).

Au surplus, « il n'est pas plus injuste d'obliger le donataire à remettre dans la succession les primes, même supérieures au capital reçu, qu'il n'est injuste de l'obliger à y remettre la valeur d'un meuble qui a péri par cas fortuit ! » (3).

En résumé, et sans aucune hésitation, nous réclamons tout l'appauvrissement pour la succession. La solution, aux termes de laquelle la dernière prime seule serait resti-

(1) Paris, 10 janvier 1900. *J. des Ass.*, 1900, p. 170.

(2) Dans ce cas encore, il est évident que les intéressés préféreront refuser la donation que d'être exposés à restituer aux héritiers une somme plus forte que celle qui leur sera versée par la Compagnie d'assurances. Cependant, l'arrêt cité prouve que la pratique même offre des exemples d'acceptations désavantageuses. Au décès d'un sieur G.., la police par lui contractée avait dû être rachetée, — l'assuré s'étant suicidé — pour la somme de 6,366 francs. La veuve, bénéficiaire de l'assurance, accepta le bénéfice du contrat, et toucha la dite somme. Au moment de la liquidation, les héritiers réservataires lui réclamèrent le montant des primes versées, qui n'était pas inférieur à 14,672 francs; mais la première chambre du Tribunal de la Seine, par jugement du 2 avril 1898, limita le rapport à effectuer à 6,366 francs. La Cour, infirmant le jugement, décida fort sagement que la dame G.., devait le rapport intégral à la succession, des primes versées par le *de cujus*.

(3) Wahl. Note au Sirey. 1900. 2. 3. Cf. note Crépon au S. 1885. 1. 121.

tuable, nous paraît contraire aux principes essentiels de notre Code civil qu'il faut bien appliquer tant qu'ils n'ont pas été modifiés par voie législative. Ces principes, nous les trouvons dans les art. 843 et 922, qui déclarent que « tout ce qui a été reçu », « les biens dont il a été disposé », directement ou indirectement, sont sujets à l'action des héritiers. Ne pas vouloir considérer le capital, parce que ce n'est pas lui qui a été donné, ne pas vouloir ensuite considérer l'ensemble des primes, parce que la dernière seule d'entre elles a pu suffire à faire naître le capital, est plus ingénieux que solide.

Car on finit par appuyer, en apparence, sa solution sur le fondement même que l'on avait commencé par écarter. Entre le capital et les primes, entre l'enrichissement et l'appauvrissement, il faut choisir. Mais on ne peut, quelque ingéniosité qu'on déploie, rejeter le premier par le second, pour rejeter ensuite le second, sans en revenir au premier.

Le mieux serait sans doute pour les économistes qui estiment qu'il est absurde, dans l'état actuel de nos mœurs, de maintenir le principe du rapport intégral et de la réserve absolue, d'abandonner l'impasse où ils se sont engagés, et de poser franchement devant l'opinion publique la question de la liberté testamentaire.

La voie législative reste ouverte; en attendant, dans une matière aussi capitale, aucune jurisprudence ne saurait prendre les devants et modifier la loi existante.

CHAPITRE VIII

RECHERCHE DES « CIRCONSTANCES » DANS LESQUELLES LES PRIMES NE SONT NI RÉDUCTIBLES NI RAPPORTABLES.

L'étude juridique que nous avons faite nous a conduit à la solution adoptée par la Cour de Cassation dans le dernier état de sa jurisprudence. La notion de l'appauvrissement, mise à la base de tout notre système, nous a permis en outre de le formuler avec la certitude attachée aux déductions rigoureuses. Mais, comme il arrive toujours, dans les questions de ce genre, il est un moment où les raisonnements *à priori* sont insuffisants, et où il faut entrer résolument dans le domaine de l'application et de la pratique. Par une conséquence naturelle, l'intérêt de la question augmente en raison même de ce que les principes directeurs sont plus éloignés.

Ici la solution principale étant posée, il s'agit de la juste mesure à appliquer. Faut-il faire rentrer à la succession, suivant un calcul invariable, par une addition mécanique, la totalité des sommes que représente le paiement des primes ?

N'y-a-t-il pas, au contraire, certains tempéraments à

apporter ? N'y-a-t-il pas certaines circonstances, — parmi lesquelles la plus importante est sans contredit celle où il n'aurait rien été distrait du capital proprement dit du stipulant pour le service de l'assurance, — qui devraient faire diminuer le total des sommes exigibles par les héritiers ?

Ce point de vue s'impose, car, dans la question toute voisine des rapports des créanciers avec les bénéficiaires d'assurances, en cas de faillite, la Cour de Cassation a admis qu'il y avait à distinguer « suivant les circonstances » avant d'ordonner la restitution des primes à la masse de la faillite (1). Et si, en 1896, la Cour suprême n'a pas fait la même réserve expresse, quand il s'agit des réclamations des héritiers, c'est évidemment, étant donné les motifs d'analogie qui paraissent l'avoir, par dessus tout, déterminée, par la seule raison qu'il ne se rencontrait en l'espèce aucune « circonstance » particulière, qui motivât une atténuation à la rigueur du calcul. Quelques décisions ont été rendues, en notre matière, par les juridictions de première instance et d'appel, qui n'ont pas été soumises à la censure de la Cour suprême, sans doute parce que la solution de cette dernière ne faisait de doute pour personne. Or, ces jugements se montrent moins sévères pour les

(1) Civ. rej., 22 févier 1888, D. 88. 1. 193; Civ. Cass., 7 août 1888, D. 89. 1. 118; Civ. Cass., 23 juillet 1889, D. 90. 1. 383. — Antérieurement à ces arrêts, nous trouvons de très anciennes décisions dispensant du rapport à la masse de la faillite les primes prélevées sur les revenus. V. Seine, 23 mars 1850, *J. des Ass.* 1851, p. 61; Paris, 24 janvier 1874, *J. des Ass.* 1874. p. 373

primes d'assurances « peu importantes », c'est-à-dire, à n'en pas douter, pour celles qu'il est possible de prélever sur les revenus annuels du stipulant, que pour celles qui ont entamé le capital même du *de cujus* (1).

Si juste qu'apparaisse, au premier abord, cette distinction, nous devons examiner, avant tout, si elle n'est pas rendue impossible par notre système. N'avons-nous pas établi que la volonté des auteurs de notre Code civil avait été de couvrir les héritiers d'un donateur de tout l'appauvrissement que leur auteur s'était imposé dans une intention libérale ? Et ne nous sommes nous pas efforcés de démontrer dans notre chapitre précédent qu'il était téméraire de vouloir faire une distinction entre les sommes dépensées, suivant qu'elles avaient concouru plus ou moins directement au but voulu par le donateur ? Est-ce donc au moment même où nous avons établi la nécessité de faire un bloc de toutes les dépenses ayant appauvri le dona-

(1) Seine, 3 avril 1897, confirmé en appel, Paris, 5 mai 1899, *J. des Ass.*, 1900, p. 165 :

« Le paiement des primes constitue l'objet effectivement donné. Elles peuvent, *suivant leur importance*, provoquer l'application des règles sur le rapport et la réduction ».

Dès 1888, nous trouvons la même idée dans un jugement du Tribunal de Chambéry (Chambéry, 26 mars 1889, *J. des Ass.*, 1889, p. 182). Après avoir écarté l'action en réduction portant sur le capital, par la raison que le défunt « ne s'est pas dépouillé d'un capital lui appartenant pour en gratifier des tiers au préjudice de ses successeurs », le tribunal ajoute, « que si une objection pouvait être faite à ce sujet, relativement aux primes payées de son vivant par le *de cujus*, cette question, dont la solution doit, en principe, dépendre des circonstances, suivant l'importance plus ou moins grande des primes mêmes, et celle des revenus de l'assuré, exige, etc... »

Cf. Seine, 2 avril 1898, confirmé en appel, Paris, 10 janvier 1900, D. 1900, 2. 489.

teur que nous pouvons admettre des exceptions permettant au bénéficiaire d'opposer aux héritiers certaines fins de non recevoir ?

On ne nous reprochera pas d'avoir esquivé l'objection ; ni d'avoir dissimulé ce que d'aucuns pourront penser contradictoire.

Mais il nous semble que la difficulté n'existe que pour ceux qui tentent de l'esquiver, et qui parlent d' « appauvrissement » sans avoir cherché à définir ce terme.

Jusqu'à présent, nous pouvions nous contenter de l'opposer à la notion d'enrichissement. Mais maintenant qu'il s'agit d'analyser l'appauvrissement en lui-même, il est de toute nécessité de présenter une définition, et nous sommes amené à nous demander à quel moment l'appauvrissement commence.

Est-il constitué par un amoindrissement quelconque, par la disparition de la parcelle la plus infime, la plus flottante de ce qui à un moment donné a pu constituer la propriété d'une personne ? Faut-il au contraire considérer un patrimoine comme formant un bloc d'une certaine figure et d'une consistance qui ne peut être modifiée, en plus ou en moins, par les mille contingences de la vie journalière, et décider, en conséquence, qu'il n'y a d'appauvrissement que lorsque ce patrimoine, cette assise de la fortune est entamé ?

Il n'est pas possible de résoudre la question *à priori*. Aucune des deux propositions ne porte en elle-même la raison qui nous oblige à la rejeter. Nous devons donc essayer à nouveau d'interpréter la pensée du législateur, suivant les voies ordinairement employées.

La règle, que nous avons précédemment dégagée, ne nous paraîtra pas atteinte parce qu'au lieu d'opposer un *non possumus* à ceux qui nous en demandent le sens et la portée, nous chercherons à la limiter suivant le vœu de la loi.

M. de Caqueray qui, le premier, a signalé la distinction à faire entre les primes prélevées sur les capitaux et sur les revenus, donne de son opinion les raisons suivantes (1) :

« La loi n'impose pas au donataire héritier, l'obligation de rapporter toutes les donations qu'il a pu recevoir. Elle veut que ces donations aient réellement diminué le patrimoine du défunt, et si une libéralité faite à un héritier présomptif porte sur des objets que le défunt eût dépensés et qui n'auraient pas été dans la succession lors de l'ouverture, alors le rapport n'est pas dû. »

M. de Caqueray va même, quand il s'agit d'assurance sur la vie, jusqu'à établir une présomption que les primes ont été prises sur les revenus. Selon lui, c'est à l'héritier qui demande le rapport ou la réduction, qu'incombe le fardeau de la preuve que les primes n'ont pu être payées que sur le capital du *de cujus*. Car, pour répondre victorieusement à l'action principale de l'héritier, il suffit au donataire d'opposer la défense suivante :

(1) De Caqueray. *Rev. prat. de Droit français*. 1863, T. XVI, p. 203.

« Le défunt, s'il n'eût pas fait le contrat d'assurance, s'il n'eût pas payé ses primes chaque année, aurait dépensé ses réserves; dès lors je ne dois pas le rapport d'une valeur qui ne m'a pas été procurée au détriment de la succession et du patrimoine du défunt. »

C'est le même ordre d'idées qui a amené un grand nombre d'auteurs à accepter la distinction précédente. Il est incontestable, en fait, que l'exercice du droit de propriété serait singulièrement restreint, si le simple usage des revenus ordinaires de cette propriété pouvait donner lieu à une critique. Dans un seul cas, une pareille rigueur serait admissible : quand, en raison des dettes par lui contractées et non remboursées, un individu, s'il continue en droit à être seul propriétaire de ses biens, est, en fait, à l'entière disposition de ses créanciers.

En vue de cette hypothèse, la loi a organisé tout un système spécial, la faillite, qui dépossède le commerçant ruiné de la plus grande partie de ses droits actuels, va jusqu'à le dessaisir de la simple administration de ses biens, et qui, pour les actes passés, organise un jeu de nullités à la disposition des créanciers lésés. Or, dans ce cas extrême, la loi a pris soin de faire une distinction : elle ne permet aux créanciers d'attaquer que les actes de disposition proprement dite, laissant subsister au contraire les actes de simple administration, sauf dans le cas où ces actes seraient frauduleux, et devraient entraîner la banqueroute. Sans doute, les art. 446 et s. du Code de commerce ne vont pas jusqu'à donner la raison de cette distinction, et ne parlent pas explicitement de capitaux et de revenus; mais la jurisprudence est depuis longtemps fixée à cet égard, et c'est une définition courante et jamais contestée que celle qui explique les actes de disposition comme étant ceux portant sur le patrimoine fixe, ou si l'on veut, sur les biens fonds et capitaux mobiliers, alors que les actes d'administration sont ceux qui ne concernent que les revenus de ces biens ou les gains annuels. Et une pareille distinction du Code, qui se retrouve du reste dans un grand nombre de matières, — chaque fois que la loi établit un système de prohibition, — suffirait déjà à nous montrer qu'il y a deux classes de dépenses.

Mais, pour rester précis, reprenons ce que nous avons dit au sujet des actes d'administration : la loi ne veut s'en préoccuper que lorsqu'ils sont frauduleusement exagérés. Quel est le criterium adopté par la jurisprudence ? Y a-t-il un maximum fixé une fois pour toutes et d'une façon générale, établissant la limite des dépenses qu'il faut tolérer de la part des faillis ? Cela devrait être pourtant si l'on se bornait à donner à un débiteur malheureux de quoi subvenir à ses besoins personnels et à ceux de sa famille. La nourriture, et le logement, étant donné qu'il suffirait d'assurer l'indispensable, devraient être appréciés de façon à peu près identique dans une même ville.

Ce n'est point là pourtant le système de la jurisprudence. Et nous ne savons pas qu'elle ait rencontré de critique sur ce point. Les juges, quand ils ont à se prononcer sur les dépenses du failli, doivent prendre en considération son genre de vie antérieur, ses habitudes, son train de maison, c'est-à-dire le juger en définitive sur l'étendue des revenus qu'il avait à sa disposition. Ainsi, tel petit commerçant n'ayant un déficit que de quelques milliers de francs pourra être jugé beaucoup plus sévèrement que tel chef de maison importante dont la faillite occasionne des pertes se chiffrant par des millions, même s'il dépense pour ses besoins personnels une somme de beaucoup inférieure, par cette unique raison qu'il a excédé ce qu'il était en droit de considérer comme le revenu normal de son commerce.

Si la loi a admis ce tempérament quand il s'agit des droits des créanciers, comment peut-on la prétendre plus rigoureuse quand il s'agit des héritiers qui, quels que soient les droits du sang, sont beaucoup moins intéressants, pécuniairement parlant ? Car, s'ils ont à souffrir d'une dissipation de patrimoine, il n'en résulte pour eux qu'un simple manque à gagner. Ce n'est pas porter atteinte à la réserve des héritiers que de refuser d'enfermer le père de famille dans des lisières telles qu'elles l'empêcheraient de distraire la moindre parcelle de sa fortune dans un but généreux, sans qu'immédiatement un compte fût établi, pour s'ouvrir après sa mort. M. Demolombe, qu'on n'accusera pas de vouloir donner du Code civil une interprétation tendancieuse, avait observé, à cet égard, bien avant M. de Caqueray, qu'il y avait une certaine mesure à conserver.

« Les biens rapportables, affirmait l'éminent auteur du

Traité de droit civil, sont ceux qui ont diminué le patrimoine du donateur, l'ont appauvri ; ce ne sont pas les choses prises sur son revenu, et encore moins celles qu'il a fait acquérir à des tiers ». Ainsi, se plaçant au point de vue général, M. Demolombe ne considérait pas que l'appauvrissement existât, tant qu'il n'y avait que diminution des revenus.

Il faut, de toute nécessité, laisser une certaine latitude au père de famille : « Ce serait aller trop loin, comprimer les sentiments les plus généreux, et tarir la source de la bienfaisance et de la charité, que de supputer minutieusement après sa mort les sommes modiques qu'il prend sur ses économies pour venir en aide au malheur, et de les imputer sur le disponible. » Ainsi s'exprime un arrêt de 1860 (1), développant la pensée de Demolombe. Il s'agissait pourtant, en l'espèce, d'un individu ayant disposé, en faveur de ses parents pauvres, de sommes qui, réunies, formaient un total de 100 à 150.000 francs. La Cour de Bordeaux se refusait à faire entrer ces sommes en ligne pour le calcul de la quotité disponible, en se basant sur le fait que le *de cujus*, jouissant d'un revenu de 50 à 60.000 francs, les dons en question ne formaient annuellement qu'une minime portion de son revenu.

Les héritiers lésés voulurent aller en cassation ; la question posait admirablement, dans sa généralité absolue, les termes du problème que nous examinons dans ce cha-

(1) Bordeaux, 28 juillet 1860, D. 1862. 1. 288.

pitre. On remarquera en effet, qu'il ne s'agissait point de libéralités faites à des tiers, à des institutions charitables, qu'il est particulièrement pénible de dépouiller. Les donations avaient été faites à des parents cohéritiers. Il s'agissait aussi d'établir le montant de la réserve, et nous avons eu l'occasion de rappeler que les principes de cette institution ont quelque chose de plus solide, de plus obligatoire en quelque sorte que ceux du rapport entre cohéritiers. La Cour de Cassation devait par conséquent faire montre d'une sévérité particulière. Or, elle confirma l'arrêt de Bordeaux, considérant « qu'il appartenait aux juges du fait d'apprécier, *d'après les circonstances*, le véritable caractère des libéralités faites ainsi par le défunt, et qu'ils ont pu, sans violer l'art. 922 C. civ., les considérer comme des œuvres de charité, et non comme des donations entre vifs devant servir à la fixation de la quotité disponible » (1).

Ce sont, à peu de différence près, les termes mêmes limitant le droit des réservataires qui ont été repris quelque vingt ans plus tard, dans les arrêts fixant les droits des créanciers en face des bénéficiaires d'assurances sur la vie.

Et cet ordre est tout naturel logiquement parlant ; en effet, il a fallu un mouvement en avant pour permettre à un homme de dépenser ses revenus normaux sans avoir plus de compte à en rendre à ses créanciers qu'à ses héri-

(1) Bordeaux, 28 juillet 1860, D. 1862. 1. 288.

tiers. C'est ainsi que M. Labbé, qui déclarait ne vouloir cesser de s'élever « contre cette idée fausse qu'il est permis de disposer à sa guise de ses revenus » (1), ne se montre, en fait, intransigeant que lorsqu'il existe des créanciers. « Quand on n'a pas de dettes, écrit-il, qu'on en dispose par des consommations raisonnables, soit, c'est l'entretien de la vie, c'est le commerce normal, c'est le bénéfice de l'aisance! Mais, quand on a des créanciers, la situation est tout autre, ce qu'on peut épargner sur ses revenus en modérant ses désirs, on doit le faire ».

D'où vient alors que certains auteurs qui sont prêts à admettre les solutions de la jurisprudence quand il s'agit de faillite, se montrent d'une rigidité absolue quand il s'agit des droits des héritiers (2).

C'est que, d'après ces auteurs, des exceptions de ce genre ne peuvent être établies que par la loi. Or, si certains textes limitent les droits des créanciers dans l'exercice de l'action paulienne et des règles de la faillite, aucun article du Code ne soustrait la libéralité des revenus au droit commun en matière de rapport et de réduction.

C'est une question à examiner. Mais il nous sera permis de demander d'abord, puisqu'on nous parle de faillite et d'action paulienne, où sont ces textes précis qu'on invoque ? Sans doute nous reconnaissons que les art. 446 et s. du Code de Commerce peuvent, par élimination, fonder

(1) Labbé. Note au Sirey, 1892. 1. 178.
(2) Boucher. *Thèse*, p. 71 sqq ; Wahl, note au Sirey, 1900. 2. 1.

suffisamment le droit du failli de réaliser des actes de simple disposition. Mais où trouve-t-on la distinction entre les actes de bonne et de mauvaise administration sinon dans une interprétation raisonnée de la volonté du législateur ? Et, quand il s'agit de l'action paulienne surtout, n'est-on pas obligé de recourir à la longue tradition de notre ancien droit français ?

Au reste, M. Boucher, tout en soutenant qu'en cette matière, un article de loi est seul décisif, n'hésite pas à invoquer la tradition contre nous (1). Il rappelle que Lebrun, prévoyant une donation d'intérêts faite par le mari, se demande si récompense en est dûe à la communauté et résoud affirmativement la question (2).

Nous voilà donc amenés à rechercher la solution de l'ancien droit. Quelle portée convient-il de donner à l'opinion de Lebrun ? Celui-ci indique comme motif principal de sa décision qu'une donation d'intérêts peut être aussi importante qu'une donation du capital. Cette considération nous paraît indiquer que, dans la pensée de l'auteur du *Traité de la communauté*, il faut avant tout tenir compte, dans chaque espèce, de l'importance des sommes données. Et notre interprétation nous paraît d'autant plus probable que le commentateur de Lebrun, Espiard, — ainsi que M. Boucher nous l'apprend lui-même, — déclare que c'est d'après les circonstances que de pareils cas se doivent

(1) Boucher, *Thèse* p. 75.
(2) Lebrun. *Traité de la communauté*, lib II, chap. III, sect. I, nos 37 et 38.

décider, parce que la donation de revenus ne revêt point toujours le caractère d'une libéralité (1).

Or, dans quel cas une « donation » peut-elle ne point être « libéralité », sinon quand les sommes données sont trop peu importantes, par rapport au donateur, pour qu'il y ait lieu de le considérer comme appauvri ? Nous trouverions ainsi formulée en des termes presque identiques, la théorie soutenue, à l'heure actuelle, par la Cour de Cassation (2). Quoi qu'il en soit, il y a tout au moins là une indication en faveur de notre théorie qu'il nous paraît impossible de négliger complètement, en une matière où, de l'aveu de tous, notre Code civil n'a fait que s'inspirer de notre vieux droit coutumier.

Tout indique du reste que l'esprit du Code est bien celui que nous essayons de dégager. Il faudrait un texte, objectait-on. Mais ce texte, nous l'avons, sinon absolument décisif, du moins suffisamment clair. C'est l'art. 852 C. civ. qui dispense du rapport les frais de nourriture, d'entretien, d'éducation, d'apprentissage, les frais ordinaires d'équipement.

Pourquoi cette exception au principe énoncé dans l'article précédent, suivant lequel le rapport est dû des dépenses faites pour l'établissement d'un héritier, ou pour le

(1) Espiard sur Lebrun. *Traité des successions*, tit. II, chap. III, sect. V, n° 11.

(2) Nous ne pouvons, après cela, nous laisser impressionner par un arrêt du Parlement de Paris rapporté par M. Boucher d'après Taisand (*Cout. de Bourgogne*. Tit. VII, acte 3) qui soumet les donations de revenus à l'action de la légitime. Il faudrait en effet étudier l'espèce, pour en tirer un argument sérieux. L'arrêt date du reste de 1688.

paiement de ses dettes ? C'est évidemment, et bien des auteurs l'ont remarqué avant nous (1), parce que le législateur a estimé que les dépenses énumérées dans l'art. 852 devaient être considérées comme des frais courants ; elles ne peuvent être retenues en compte, parce qu'elles sont trop peu importantes, par rapport aux autres dépenses, pour qu'il vaille la peine de les faire rentrer à la succession après le décès du donateur. Aucune autre raison, en effet, n'existe de faire à ces donations un traitement de faveur. Sans doute, nous n'avons garde d'exagérer, en soutenant que dans l'art. 852, il faut faire abstraction de l'énumération faite par les auteurs du Code afin de s'attacher exclusivement à la pensée directrice qui les a inspirés. Et nous n'entreprendrons pas de soutenir que les donations « d'usage » ne méritent pas un traitement spécialement favorable quand elles ont été prises sur son capital par le donateur (2).

(1) Entr'autres : Demante, III, n° 188 ; Demolombe, *Successions*, IV, n° 406 sqq. ; En sens inverse : Mourlon, II, n° 394.

(2) Cependant certains auteurs adoptent ce point de vue se basant sur les usages en cours dans notre ancien droit, ce qui nous fournit une nouvelle preuve que la distinction des revenus et des capitaux n'est pas une création nouvelle et arbitraire de notre récente jurisprudence. Guy Coquille, par exemple, s'exprimait ainsi sur l'article 11 du titre des Donations de la Coutume de Nivernais : « Si le père, ayant peu de biens, fait de grandes dépenses pour les études de son fils, qui surpassent le revenu de la part qui pourrait advenir à son fils en sa succession, et lesquels frais puissent entamer et diminuer le fond de la substance du père ; auxquels frais il aurait été meû, voyant le gentil esprit et le désir de son fils, je croy que, en ce cas, le fils sera tenu de rapporter les frais de ses études, *quatenus* ils excèdent la facile commodité que le père avait... ».

Et ailleurs aussi, dans ses « Questions et réponses sur les articles des coutumes » (n° 368) l'excellent auteur disait que : « Si un père, étant de

Le Code a dit ce qu'il a voulu ; il est certain qu'il n'a pas entendu émettre comme règle que lesrevenus étaient faits pour être dépensés sans que personne pût jamais en demander compte. Mais il est tout aussi vrai, qu'à défaut de règle, il a donné une indication au magistrat, et qu'il a voulu une rigueur moins grande dans un cas que dans l'autre (1).

Un autre article du même titre indique aussi clairement que le législateur laisse une certaine marge aux tribunaux dans l'appréciation des dispositions libérales

moïennes facultez, voïant son fils de bon et aigu entendement, propre à comprendre les sciences, se parforce de l'avancer et fournisse pour lui si grands frais que, vraisemblablement, son revenu ne puisse porter sans diminuer grandement son bien, je crois que cet enfant qui aura fait cette grande dépense sera tenu de rapporter....... »

(1) Cass. 27 juillet 1881, S. 1882. 1. 157 ; 11 janv. 1882, D. 1882. 1. 313 ; Trib. Sup. de l'Empire d'Allemagne, S. 1886. 4. 6. V. surtout Saumur, 2 janv. 1896, infirmé en appel : Angers 23 juin 1897, D. 1900. 1. 217.

Dans cette dernière espèce, les héritiers de la L..., évaluant à 40,000 fr., les avantages retirés par leurs cohéritiers, le sieur M... et les époux de N..., dans leur séjour prolongé au domicile du *de cujus* à la Tour de Ménive, demandaient le rapport de cette somme. Le Tribunal de Saumur s'y refusa pour les motifs suivants :

« Attendu qu'il s'agit dans l'espèce de dépenses de nourriture et d'entretien faites par M... père au profit de ses enfants ; attendu qu'en matière de rapport, l'art. 852 dit que les dépenses de ce genre ne doivent pas être rapportées ; qu'en matière de réunion fictive les mêmes raisons doivent décider le tribunal à écarter les mêmes dépenses.... »

La Cour d'Angers, au contraire, ordonna le rapport de ces dépenses, mais les motifs mêmes qu'elle donne impliquent bien de sa part la pensée que les libéralités faites sur les revenus ne sont pas réductibles (Cf. note Planiol sous l'arrêt) :

« Attendu qu'il résulte des documents de la cause qu'en 1885, 1886 et 1887, M... père était arrivé à un état d'insolvabilité ; que pour recevoir les sus nommés à la Tour de Ménive dont il avait l'usufruit, il était obligé de faire procéder à des coupes blanches dans les bois et de prendre sur le capital de son avoir. Attendu que dans ces conditions on ne saurait considérer ces dépenses comme des dépenses de nourriture et d'entretien non rapportables.... »

portant sur les revenus. L'article 856 décide que « les fruits et intérêts des choses sujettes à rapport ne sont dûes qu'à compter du jour de l'ouverture de la succession ». Sans doute, cela ne résoud pas du même coup la question; M. Boucher a raison de le faire remarquer (1), cet article, en matière de rapport, de même que l'art. 928 quand il s'agit de réduction, ne considère les revenus, pour leur faire un sort spécial, que dans le patrimoine du donataire; il estime que ces revenus ont été légitimement consommés par lui, et que, par conséquent, il y aurait injustice à l'obliger à en tenir compte aux héritiers. On ne peut donc absolument, et sans induction, conclure des revenus consommés par le donataire aux revenus distribués par le donateur.

Les art. 856 et 928 visent, si l'on veut, les revenus des revenus, alors que nous nous occupons des revenus exclusivement. Mais, cette réserve faite, qui ne voit qu'il reste un motif de détermination? Pourquoi le législateur dispense-t-il le donataire de rapporter, fictivement ou réellement, des revenus? Parce que, — c'est M. Boucher lui-même qui le reconnaît, et il est impossible d'en trouver une autre explication, — ces revenus n'existent vraisemblablement plus, ils ont été consommés; d'autre part, on ne peut en blâmer le donataire, puisqu'il ne « les avait reçus que pour en faire une consommation normale et souvent nécessaire. » Le propre des revenus est donc

(1) Thèse préc., p. 76 sqq.

d'être dépensés. Nous en arrivons ainsi à une proposition générale, et qui doit s'appliquer, qu'il s'agisse du patrimoine de Pierre ou de Paul, du donataire ou du donateur.

Nous répondra-t-on qu'il y a des différences de situation? que le donateur n'a pas consommé, puisqu'il a capitalisé ses revenus dans les mains du donataire? qu'il n'en est pas de même du donataire, qui a dépensé ses revenus, et que c'est pour cela uniquement que la loi le dispense?

A notre tour, nous demanderons quel est le fondement de toutes ces suppositions. En quel endroit la loi exige-t-elle que le donataire ait consommé les fruits des biens qui lui ont été donnés, pour être à l'abri du rapport et de la réduction en ce qui les concerne? Les art. 856 et 928 ne prévoient aucune exception.

C'est pourquoi nous n'admettons pas, dans leurs termes absolus, les réserves faites par un arrêt de Nîmes qui, après avoir consenti à admettre, « par application de l'art. 856 C. civ., que toute personne puisse de son vivant disposer de ses revenus ainsi et comme elle l'entend, même au profit de ses successibles, sans que les autres cohéritiers soient fondés à en demander le rapport », dit toutefois que « c'est à la condition que ces revenus n'auront pas été capitalisés, et aussi que le patrimoine du donateur n'aura pas été amoindri ou diminué » (1).

(1) Nîmes, 20 juillet 1866, S. 1867. 2. 133. Cf. Toulouse, 22 janv. 1840. P. 1840. 1. 607 ; Montpellier, 11 juin 1846, S. 1848. 2. 114; Lyon, 24 juin 1859, S. 1860. 2. 17.

Les obstacles opposés par la Cour sont au nombre de deux, mais nous avouons ne les comprendre ni l'un ni l'autre. Pour le premier, nous constatons une absence complète de justification. La Cour procède par une affirmation qui, à notre avis, ne se suffit pas à elle-même, et aurait eu besoin tout au moins d'un certain développement. Quant au second, à moins qu'il ne soit une simple tautologie nous ne pouvons arriver à en saisir la portée : de deux choses l'une, en effet, ou l'on estime que la consommation des revenus constitue un appauvrissement, et alors on doit en ordonner le rapport et la réduction, ou l'on prétend que les revenus sont faits pour être dépensés, et que par conséquent leur dépense ne saurait être équivalente à un appauvrissement. Mais il nous paraît contradictoire d'insérer dans une même formule que « toute personne peut de son vivant disposer de ses revenus ainsi et comme elle l'entend », et que c'est, « à condition que le patrimoine du donateur n'aura pas été amoindri ou diminué. »

Ce langage nous paraît contradictoire, disons-nous, à moins qu'il ne soit un moyen d'exprimer de façon peut-être un peu malhabile, une idée que nous avons déjà entrevue, que la décision des magistrats doit être essentiellement une décision d'espèce, qu'il est quelque peu téméraire de poser des principes en cette matière, de distinguer de façon ferme le revenu que l'on dispense du rapport et de la réduction, du capital que l'on y soumet ; mais que c'est « dans les circonstances » mêmes de la cause qu'il faut chercher la solution demandée. Et si c'est bien là, l'interprétation qu'il faut donner des termes de l'arrêt de 1866, nous estimons que, bien loin de fournir un argument contre nous, il peut devenir le pivot même sur lequel nous nous appuierons désormais.

Les textes du Code que nous venons d'analyser ont prouvé en effet d'abord une chose : c'est qu'il existe une volonté arrêtée chez ceux qui les ont rédigés de ne pas soumettre les différentes catégories de biens à une règle unique ; ensuite que, cette volonté, le législateur a voulu la traduire au dehors, et l'exprimer, moins sous forme de prescriptions, que d'indications. C'est à la perspicacité du magistrat qu'il a entendu faire appel.

Mais cette réserve, assez délicate à établir, ne peut être faite, par cela même, qu'une fois la volonté du législateur unanimement reconnue. Et c'est pourquoi, dans la pratique, comme longtemps aussi dans la théorie, on a répondu à ceux qui niaient que la loi ait voulu aucune distinction, par des formules contraires forcément un peu trop catégoriques: les revenus sont fait pour être dépensés *lautius vivendo* ; on ne doit aucun compte de ses revenus, ni à ses créanciers, ni à ses héritiers.

Un absolu engendre toujours un absolu contraire. Il nous semble pourtant difficile que l'on ne finisse pas par s'entendre sur le point de départ, tant il est évident que le législateur n'a pu se montrer aussi sévère pour toutes les catégories de dépenses ! M. Boucher donne une série d'exemples tirés du Code et dans lesquels éclate, malgré lui, cette même volonté ferme. L'art. 549 autorise le possesseur de bonne foi à conserver tous les fruits perçus, qu'il les ait ou non consommés. Quelle autre explication donner, sinon celle de M. Boucher lui-même, qu'ignorant le vice de son titre, étant en droit, par conséquent, d'agir comme véritable propriétaire, « il agit bien en employant tous les revenus » ? (1). Tous les exemples, certes, ne sont pas aussi frappants, et la loi n'est pas toujours aussi généreuse ; mais dans ses rigueurs mêmes, elle se montre plus flexible quand il s'agit de revenus.

Dans le régime matrimonial le plus sévère, c'est le « fonds » dotal seul qui est frappé d'inaliénabilité ; le mari a la libre administration des revenus, qui sans doute doivent être employés aux besoins du ménage, mais qui ne nécessitent pas, pour être dépensés, les formalités exigées par l'art. 1558 pour les aliénations des biens dotaux, dans tous les cas, même les plus nécessaires, comme lorsqu'il s'agit de fournir des aliments à la famille.

L'article 1549 accorde même une facilité particulière à la femme, tant qu'il s'agit des seuls revenus : « il peut être convenu, par le contrat de mariage, que la femme touchera annuellement, sur seules quittances, une partie de ses revenus, pour son entretien et ses besoins personnels. » Ce dernier mot, extrêmement vague, indique bien que le législateur n'a entendu soumettre à aucun contrôle l'emploi des revenus dotaux (2), et l'argument devient

(1) Boucher. *Thèse*, p. 83.
(2) Cf. Cass. 31 juillet 1861, sous Rivière, *Codes*, art. 1549 « La

d'autant plus fort, qu'il s'agit d'un régime très rigoureux.

Dans tous les autres régimes matrimoniaux, nous voyons le législateur tabler à différentes reprises (V. notamment art. 1448, art. 1537) sur le montant des revenus, pour établir ses différentes règles. Mais nul exemple ne nous paraît plus probant que celui-ci que nous empruntons textuellement à M. Boucher (1) : « Quoiqu'ici le contrôle ne soit plus possible, en raison des pouvoirs si grands du mari, dans le régime de communauté, les revenus mis en commun sont destinés aux charges du ménage. Telle est du moins la raison pour laquelle, si les revenus mis en commun sont de force différente, il ne saurait y avoir là, même au regard des enfants du premier lit, une libéralité entre les époux ».

Voilà donc deux époux dont l'un met en communauté des revenus supérieurs à ceux apportés par l'autre : l'un peut-être ne donne rien, tandis que l'autre fournit une somme importante. Cependant il n'y a pas donation, et cela non seulement vis-à-vis de l'autre époux, — on pourrait trouver de cette décision spéciale un motif particulier, — mais vis-à-vis de gens totalement étrangers à l'époux qui fait l'apport principal, vis-à-vis des enfants du premier lit. Quelle en est la raison ? « C'est, dit M. Boucher,

clause par laquelle une femme en se mariant sous le régime dotal stipule qu'elle administrera seule ses biens immeubles et rentes et en recevra les fruits sur simple quittance, l'autorise à disposer de ses fruits et revenus comme elle l'entend, et sans avoir à en rendre compte à la société d'acquêts existant entre elle et son mari » .

(1) Boucher, *Thèse*, p. 82.

que ces revenus ne tombent dans la communauté que pour en supporter les charges ». Qu'est-ce à dire ? Que tout l'argent mis en communauté doit être dépensé, et ne peut en aucune manière profiter à l'époux et à ses héritiers? Une telle pensée n'a jamais pu entrer dans la tête d'un jurisconsulte ! Que reste-t-il alors de l'affirmation ? Plus rien qu'une formule théorique, et l'obligation de convenir en définitive que des revenus peuvent être librement dépensés et faire l'objet d'une libéralité d'un époux envers l'autre, sans qu'il y ait possibilité légale de se plaindre.

Dans une matière toute différente, nous trouvons, s'il faut en croire Demolombe, une illustration aussi évidente de la pensée du législateur (1). L'art. 127 du Code autorise les envoyés en possession provisoire, dans le cas d'absence à conserver par devers eux-mêmes en cas de retour de l'absent, une certaine partie des revenus.

Pourquoi cette générosité de la loi ? La principale raison, suivant l'éminent commentateur du Code civil, est que les envoyés en possession, par la force même des choses, se sont considérés moins comme des dépositaires, que comme des propriétaires et, qu'en conséquence, ils ont d'autant augmenté leurs dépenses ; ils ont mis, comme on dit, leur maison à l'avenant... *lautius vivendo !* « Le mal n'est pas grand, ajoute Demolombe, et l'absent n'a pas à se plaindre dès qu'il retrouve intacts le fonds, le capital de sa fortune ; la loi même aurait pu accorder de suite

(1) Demolombe. *De l'Absence*, n° 120.

tous les revenus aux envoyés, et si elle lui en réserve d'abord une faible partie, c'est en quelque sorte pour maintenir son droit, et en signe de protestation contre toute prétention trop envahissante de la part des envoyés... »

Ce cas, en effet, est d'autant plus frappant qu'il ne s'agit pas d'un propriétaire, ni d'un possesseur de bonne foi; le titre même de l'envoyé en possession indique qu'il possède pour un autre.

La loi eût dû, semble-t-il, comme au tuteur, pour les revenus du mineur, prescrire de placer les sommes restant disponibles après les dépenses nécessitées par la bonne administration des biens de l'absent.

Mais qu'importent les revenus aux yeux du législateur, quand il s'agit de préserver le fonds, le capital de la fortune ?

Est-il utile, après cela, de citer un autre cas où un simple administratenr de biens d'autrui acquiert le revenu au détriment du propriétaire, et cela, en étant autorisé par la loi ?

Nous voulons parler du père, administrateur légal de la fortune de l'enfant qui, pour des motifs un peu plus complexes que les précédents, mais parmi lesquels on ne peut nier qu'il y ait aussi le souci de préserver le patrimoine de l'enfant, a le droit de disposer comme il l'entend, une fois l'entretien et l'éducation des enfants assurés, du revenu de leurs biens (art. 385).

Nous croyons plus intéressant de nous étendre sur une dernière situation prévue par la loi, tant parce que nous replaçons alors la question sur son véritable terrain, — celui du droit du propriétaire lui-même de disposer librement de ses revenus, — que parce qu'elle a donné lieu à de récentes et intéressantes décisions.

Il s'agit de savoir quelles constatations la loi exige pour faire reconnaître qu'un homme est prodigue, et dans quels cas elle autorise sa famille à lui faire donner un conseil judiciaire. La question s'est posée dans toute son ampleur dans une des causes célèbres de ces dernières années ; rarement un Tribunal s'était trouvé en présence de semblable gaspillage de deniers, de plus folles et de plus considérables dépenses ; en quelques mois plus de 500.000 fr. avaient été jetés au vent. Le Tribunal de la Seine, impressionné, avait, par jugement du 15 juillet 1893, nommé un conseil judiciaire.

Par arrêt du 31 janvier 1894 (1) la Cour réforma cette décision : et les circonstances de fait qu'elle invoque pour motiver son arrêt sont on ne peut plus instructives, et nous ne pouvons nous dispenser de citer au moins quelques-uns des considérants :

« Considérant, déclare la Cour, que, par le décès de son père, survenu le 29 mai 1892, Max L..., a recueilli une fortune s'élevant à plus de 27 millions ; que ses revenus se sont élevés depuis cette époque jusqu'au jour de la demande à plus de 1.300.000 francs ; que la dame L... est impuissante à démontrer d'une manière certaine et

(1) D. 1894, II, 233. Cf. note de M. Planiol sous l'arrêt.

plausible que, pendant ce même laps de temps, les dépenses de son fils aient atteint même la moitié de cette somme.

Considérant, en tout cas, qu'en raison des dépenses déjà faites et ci-dessus déterminées, il est impossible de taxer le jeune Max L .. de prodigalité dans le sens de la loi et de lui donner, quant à présent du moins, un conseil judiciaire, etc... »

Ainsi il n'y a pas prodigalité, lorsque les dépenses sont en proportion avec les ressources, « bien qu'elles soient contraires à la dignité et au rôle social de leur auteur, et entièrement dépourvues de tout caractère utile et moral ».

Cela ressort avec évidence — et la Cour n'a pas négligé d'en faire la remarque — de l'art. 513 du Code qui laisse à l'individu pourvu d''un conseil judiciaire, la libre disposition de ses revenus... d'où il suit que la loi ne s'attache qu'à la seule conservation du patrimoine, et se préoccupe peu des revenus, puisqu'elle les abandonne au prodigue officiellement déclaré tel.

Quelle manifestation plus claire souhaiter de la volonté du législateur? Voudrait-on objecter qu'une question de dation de conseil judiciaire est moins une question pécuniaire qu'une question morale, et qu'en organisant cette protection spéciale pour le prodigue, ce sont les désordres de mœurs plutôt que les combinaisons financières que la loi a voulu prévenir? L'arrêt attaqué constate au contraire qu'aucun remède n'existe pour imposer la dignité de conduite; le Code n'intervient que quand le patrimoine est menacé. « Le Code, comme le dit très justement M. Planiol (1), protège la fortune considérée comme le patrimoine commun de la famille... ; en se ruinant, le prodigue en ruine d'autres qui avaient la légitime espérance de recueillir des biens que le prodigue a peut-être recueillis de même dans la succession d'un parent ».

Ainsi nous sommes au cœur même de la question qui nous préoccupe. Et l'on pourrait admettre qu'il n'y a aucune protection pour l'héritier contre les dissipations d'un prodigue, tandis qu'il y en a contre les effets d'une sage prévoyance! qu'il est loisible, de par la loi, de gaspiller ses revenus, mais qu'il est interdit de les employer en libéralités ou en aumônes!

Le paradoxe est singulièrement immoral !

Nous ne voyons qu'un moyen pour nos adversaires de sortir de cette impasse, c'est de soutenir que l'arrêt précité a fait une fausse application de la loi. Mais, outre qu'il reste à réfuter l'argument tiré de l'art. 513, on se heurte à la manifestation la plus évidente de la volonté des auteurs du Code, qui se sont, au moins une fois, clairement exprimés.

Tronchet disait (2) : « L'homme qui dépense chaque jour, au delà de sa fortune, est certainement un prodigue », et Portalis ajoutait (3) : « L'interdiction n'est que pour celui qui anéantit son patrimoine ». Comment nier après cela que

(1) Note préc., p. 197.
(2) Fenet. *Travaux préparatoires du Code Civil*, X, p. 688.
(3) *Ibid* , p. 690.

la loi ne s'attaque qu'aux dépenses qui sont une menace sérieuse pour la conservation du patrimoine ; c'est-à-dire, pour reprendre la distinction communément faite, ne prétend interdire que les dissipations de capitaux, en autorisant la libre disposition des revenus ? (1).

Cependant, nous l'avons dit, une fois établie en principe la volonté du législateur, — et nous pensons en avoir donné des justifications suffisantes, — nous sommes d'avis d'apporter quelques tempéraments dans son application. Au point où nous en sommes arrivé, la question devient particulièrement délicate. Car il sera difficile de faire ressortir les différences qui séparent ceux qui dispensent du rapport et de la réduction toute donation prise sur les revenus du donateur, et ceux qui ne se prononcent que « d'après les circonstances ». Il est bien évident que la circonstance dont il faudra le plus ordinairement tenir compte sera celle où la donation faite n'a point entamé le capital du *de cujus*.

Les deux affirmations seront donc la plupart du temps concordantes. Mais notre énonciation est moins absolue, plus souple, et se prête davantage à l'examen des faits. Il se peut, comme nous allons le montrer maintenant, qu'elle s'applique dans des cas où un Tribunal aurait hésité à distinguer des revenus. Et à l'inverse, il arrivera que telle donation, prise sur des revenus, ne sera pas faite

(1) « On ne saurait, disent Aubry et Rau (*Dr. civil*, VII p. 189) considérer comme des libéralités dans le sens de l'art 922, les sommes prélevées par le défunt sur ses revenus, et distribuées à des tiers en secours ou gratifications ».

cependant dans des circonstances telles qu'elle soit dispensée du rapport. Encore bien entendu ne faut-il pas exagérer ces différences.

Un premier avantage sera que nous évitons ainsi l'objection pratique de nos adversaires, qui se demandaient par quels calculs compliqués, nous arrivions à déterminer dans chaque cas la limite du capital et des revenus dépensés. Calcul bien difficile, en effet, en raison de la quantité d'éléments dont il suppose le compte !

Mais surtout, et l'on comprend que c'est là ce qui nous décide, nous avons conscience de traduire plus exactement la pensée du législateur. Nous n'avons qu'un mot à dire à ce sujet, car il n'est que la conclusion de toute notre analyse antérieure.

En passant en revue les dispositions du Code civil, nous avons acquis la conviction que des distinctions s'imposaient entre les biens ; nous n'avons pas rencontré, au sens étroit du mot, de règles, suivant lesquelles s'opérent ces distinctions. Dans ces conditions nous sommes forcé de conclure que ce serait outrepasser la pensée des auteurs du Code que d'établir des barrières, là où ils n'ont tendu que des fils directeurs.

M. Boistel a parfaitement indiqué, selon nous, la suite des raisonnements qui imposent une théorie que des jurisconsultes ne peuvent qualifier d'antijuridique que s'ils ne veulent prendre la peine de considérer la complexité des situations, et l'infinie liberté laissée dans certains cas par la loi aux magistrats chargés de l'interpréter.

Il se place exclusivement dans l'hypothèse où des libéralités ont été faites par un failli au détriment de ses créanciers, et conclut, après un exposé très serré de la question, qu'il serait téméraire d'affirmer que toute libéralité, prise sur les revenus, échappe à l'action révocatoire des créanciers (1). « Mais, ajoute-t-il aussitôt, la proposition inverse paraîtrait également excessive, et il faut reconnaître, comme le fait l'arrêt ci-dessus rapporté, comme le fait également la Cour de Cassation, un certain pouvoir d'appréciation aux tribunaux, c'est-à-dire qu'ils peuvent tenir compte d'un élément de fait qu'il n'y a pas lieu au contraire de considérer lorsque les libéralités sont prises sur le capital. Ils ont à se demander si, d'après la situation du débiteur, ses revenus auraient augmenté son patrimoine, ou même simplement devaient, au point de vue de l'équité, être économisés pour accroître son patrimoine ; alors seulement la libéralité devra être annulée. Si, au contraire, le débiteur, même insolvable, pouvait légitimement les dépenser pour ses besoins personnels; s'il s'est privé, pour les accumuler, de ce que ses créanciers ne pouvaient équitablement lui refuser pour sa vie personnelle, pour ses dépenses de maison, comme dit l'arrêt, alors la libéralité pourra subsister. »

Ce qui paraissait excessif à M. Boistel, quand il s'agissait des créanciers, — et sans que l'honorable professeur en pût justifier autrement que par la tradition, — nous

(1) Boistel. Note sous Nancy, 17 janvier 1888, D. 1889. 2.157 sqq.

pouvons le déclarer inadmissible, quand il s'agit des héritiers, en présence de l'esprit qui a dicté les art. 852, 856 et 928, C. civ.

Comme le déclarait, dès 1861, le conseiller Hardoin, dans un remarquable rapport fait au sujet d'un arrêt dont nous avons déjà parlé (1) : « Si l'opinion extrême (professée par le demandeur), devait être accueillie, il faudrait aller jusqu'à soutenir que toutes les sommes, quelque minimes qu'elles soient, données par le défunt, celles mêmes qu'il a pu employer en œuvres de charité, en aumônes, devraient être réunies fictivement à la masse pour calculer la réserve ; il est évident pour tout le monde que tel n'est pas le sens de l'art. 922 ; que, quand il veut qu'on réunisse à la masse les biens dont il a été disposé par donation entre vifs d'après leur état à l'époque des donations, il ne comprend pas, sous cette désignation, les sommes versées dans le sein du pauvre, parent ou étranger, ces dons que la charité ou la bienveillance ne font pas apparemment par acte notarié, et qu'à cet égard, il appartient au juge d'apprécier le véritable caractère de la libéralité, et de dire, si elle constitue un acte de bienveillance, ou ce que la loi entend par une donation entre vifs. »

L'œuvre que nous imposons aux tribunaux est-elle au dessus de leurs forces ? Mais, à chaque instant, la loi leur a confié des tâches analogues et non moins délicates.

(1) Cass., 29 juillet 1861, D. 1862, 1 288.

Quand il s'agit de ces causes multiples qui font tomber les contrats : du dol, de la violence, de la simple fraude, de la lésion, quand il faut apprécier « le fait quelconque de l'homme » qui cause à autrui un dommage, en lui-même d'abord, et ensuite en ses conséquences diverses, dans l'immense majorité des espèces soumises à la décision des juges, il faut de toute nécessité effectuer un examen de faits, une analyse, et pour ainsi dire une pesée scrupuleuse des divers éléments de la cause. Presque jamais le rôle du magistrat n'est borné à une simple vérification ; un juge est autre chose, et plus, qu'un expert.

Ne craignons donc pas de laisser aux magistrats le soin d'apprécier les circonstances dans lesquelles ils devront dispenser un bénéficiaire d'assurance du rapport et de la réduction des primes d'assurances. D'autant que, nous l'avons dit, la loi a pris soin d'indiquer un fil conducteur.

A la jurisprudence il appartient, dans des cas semblables, de diminuer de plus en plus les amplitudes de ses variations, de façon à se rapprocher de la ligne droite idéale voulue par la loi.

Dès maintenant nous pouvons essayer de fixer quelques points de repère, et nous ne croyons pas pouvoir apporter de détermination plus exacte qu'en prenant comme point de départ la théorie ancienne qui distingue uniquement, et en bloc, les capitaux des revenus, et en indiquant sous quels aspects la jurisprudence nouvelle devra s'écarter de cette théorie.

Le premier point intéressant est de savoir s'il peut exister des circonstances où des primes, dont un calcul précis prouveraient qu'elles ont été prélevées sur les capitaux du donateur, ne sont cependant pas rapportables ni réductibles.

A cela nous répondons : — nous l'avons laissé pressentir, — sans aucun doute ! quoique cela puisse paraître étrange au premier abord, car ne semblons-nous pas retirer toute possibilité de recours aux héritiers ? Si un appauvrissement de capitaux n'est plus un appauvrissement, quand pourront-ils se dire appauvris ?

Il faut s'entendre : si un homme possédant un capital de 100.000 francs, placé en fonds d'Etat, (ce qui lui fait 3,000 francs de revenu annuel à ajouter aux 5,000 francs de traitement fixe que, nous le supposons, sa fonction lui procure), a souscrit un contrat d'assurance qui l'oblige à payer, chaque année, nous ne disons même pas : 8,000 francs, mais simplement 3 ou 4,000 francs de primes ; il est bien évident qu'il faut sans hésitation admettre, pour ces primes annuelles, l'action des héritiers.

En s'engageant, le *de cujus* avait su parfaitement que ses seuls revenus ne lui permettraient pas de prélever des sommes aussi importantes pour les remettre à une Compagnie d'assurances; il avait su qu'il « s'appauvrissait » de la plus grande partie de la prime versée. Sa libéralité est donc entièrement rapportable à la succession ; et nous ne songeons pas à en disconvenir.

Mais voici au contraire ce même individu qui, au lieu d'offrir à l'Etat ses services, a mis ses capitaux, — tous ses capitaux, — dans une entreprise commerciale ou industrielle.

L'affaire devient rapidement prospère, et lui permet, de très bonne foi, de compter sur de gros bénéfices, 20 ou 30,000 francs. La même assurance, par lui contractée, est-elle encore exagérée? — Non assurément, si les bénéfices annuels se maintiennent ; mais que faut-il répondre si les revenus, par une circonstante indépendante de sa volonté, tombent au-dessous du montant de la prime? Nous supposons, bien entendu, que le malaise n'est que passager, que le courant des bonnes affaires ne tarde pas à reprendre. Si les héritiers apportaient au tribunal le bilan, année par année, du *de cujus*, faudra-t-il que le tribunal fasse sur deux colonnes le calcul des bonnes et des mauvaises années, en appréciant les revenus correspondant à chacune ? Devra-t-il retenir la valeur de certaines primes, sous le prétexte que certaines années s'étant closes par un déficit, elles n'ont pu de toute évidence être prises sur les revenus du donateur? Voilà le problème. Et c'est dans un cas semblable que nous laissons aux tribunaux la faculté de refuser encore le rapport et la réduction, en envisageant l'ensemble des circonstances de la cause.

Selon nous, une vue de détail est inadmissible. Peu importe qu'en certaines années, la prime n'ait pas été payée par les seuls revenus proprement dits; il faut la supposer inscrite au chapitre des profits et pertes. Et si le chiffre total des bénéfices réalisés par le *de cujus*, durant sa vie, est encore considérable, il ne faut pas tenir compte de ces sommes relativement faibles qui, si elles n'avaient pas été versées à l'assureur, n'auraient vraisemblablement pas profité davantage aux héritiers.

Là est l'unique criterium du magistrat.

Les primes versées sortent-elles ou non de cette « espèce de monnaie courante », dont parlait M. le conseiller Crépon, quand il s'agissait du rapport à la faillite, « faite pour être dépensée d'une façon ou d'une autre, et à laquelle on peut appliquer l'expression ancienne : *lautius vixiset* » ? (1).

Cette détermination même nous permet de fixer immédiatement le point de vue inverse. Tous les revenus ne peuvent être considérés comme étant à la libre disposition du donateur, sans laisser de recours à ses héritiers. Tout dépend de la proportion des revenus au chiffre de la prime Si celle-ci était trop forte, et absorbait la presque totalité du revenu, nul doute, même si le capital reste intact, qu'il faille appliquer, sans tempérament, les règles des successions (2). A ces règles, comme le dit très justement M. Glasson, nous n'apportons de dérogation « qu'autant que les primes sont peu importantes eu égard à la fortune du père de famille qui les paie ; dès que les primes sont vraiment élevées, nous admettons qu'il y a libéralité et nous soumettons cette libéralité au rapport, à moins d'une dispense expresse ». C'est donc sainement, à notre

(1) S. 1888, 1. 125, sous Cass., 22 fév. 1888.
(2) Glasson. *La Réforme sociale*, 1897, p. 899.

avis, que la Cour de Cassation a, dans une espèce où aucune assurance du reste n'avait été contractée, décidé qu'il n'y avait pas lieu de dispenser du rapport intégral des revenus dépensés (1). Un sieur de C... avait, du vivant de son père, géré en maître la fortune de celui-ci ; mais sa gestion n'avait pas été heureuse ; il avait diminué le patrimoine paternel dans des proportions considérables, si bien qu'un arrêt de la Cour d'appel de Nîmes l'avait, à la demande des autres héritiers, rendu responsable du déficit constaté! La question se posait devant la Cour de Cassation, de savoir s'il fallait ajouter en compte, pour le calcul du rapport à imposer à ce fils, aux capitaux disparus, les revenus de la fortune du père pendant le temps où le sieur de C.... en avait eu la disposition et la jouissance. Or, il nous semble, étant donné la façon dont se présentaient les faits, qu'aucun doute ne pouvait s'élever. La Cour, avait à se prononcer sur le cas d'un héritier contre lequel des « fautes et des abus » étaient constatés; nous signalerons tout à l'heure que c'est une des considérations auxquelles nous souhaitons que les magistrats s'attachent. De plus, les revenus réclamés étaient considérables : plus de 32.000 francs d'intérêts avaient été perçus pour le compte du *de cujus*. Ce n'est plus là, du moins s'agissant d'une fortune ordinaire, cette « menue monnaie courante » pour laquelle

(1) Cass. Req. 13 avril 1899 ; *Loi*, 11 juillet 1899. Cf. Paris, 10 janvier 1900. D. 1900 ; 2.489. Bien que l'arrêt ne soit pas très explicite, on peut affirmer qu'il n'a fait rapporter le montant des primes, pour le calcul de la quotité disponible, que parce que ces primes étaient trop élevées.

seule nous écartons un régime rigoureux. Il se présentait, du reste, cette particularité fort importante, — et que M. le Conseiller Lepelletier, dans un long et substantiel rapport, ne manquait pas de mettre sous les yeux de la Cour, — que les revenus, loin d'être cette matière insaisissable qu'il est impossible de faire entrer dans un compte, avaient été capitalisés et qu'on ne pouvait même affirmer juridiquement qu'ils avaient été dépensés au moment où se présentait la demande des cohéritiers. Le fils, dont la gestion était attaquée, au lieu de percevoir les intérêts à mesure que les coupons arrivaient à échéance, les avait laissé toucher par les banquiers entre les mains desquels il avait un compte ouvert, se contentant de prélever sur les capitaux disponibles, au fur et à mesure de ses besoins. Il eût, dans ces conditions, été véritablement arbitraire de mettre à part une somme de 32.000 francs sur l'ensemble du déficit réclamé au sieur de C..., gérant d'affaires, sous prétexte que cette somme correspondait aux revenus touchés par les banquiers du *de cujus* pendant la période de gestion. En face d'une prétention aussi exagérée, la Cour de Cassation ne pouvait que répondre par un refus absolu :

« Aucun texte, dit-elle, ne dispense de rapport les libéralités faites sur les revenus lorsqu'elles ne peuvent se rattacher à aucun des cas prévus par l'art. 852 ; c'est la cause et la nature de la dépense, et non l'origine des fonds qui y ont été employés qu'il faut considérer pour savoir si elle est rapportable. »

En l'espèce, nous sommes absolument de l'avis de la Cour : il y a, comme nous l'avons dit, certaines limites qu'il ne faut pas franchir. Mais c'est tout ce que signifie cet arrêt, et nous croyons en particulier qu'on aurait tort d'en inférer que la Cour de Cassation condamne le système que nous développons au cours de ce chapitre. La Cour a l'habitude d'opérer ses revirements de jurisprudence, s'il y a lieu, en pleine connaissance de cause. Or, dans le rapport qui a précédé l'arrêt, M. Lepelletier omet absolument l'arrêt du 29 juillet 1861, ainsi que les arrêts de 1888, et l'interprétation qu'en a donnée M. le Conseiller Crépon. C'est donc qu'il n'entend pas revenir sur la liberté tolérée précédemment pour certaines dispositions bienveillantes.

Les termes mêmes dont s'est servie la Cour ne nous choquent en aucune façon, et nous sommes tout disposés à les retenir. C'est à « la cause » et à « la nature » de la dépense qu'il faut s'attacher. Que signifie ce dernier qualificatif que nous ne trouvons pas dans nos Codes, sinon qu'il faut distinguer entre les emplois de deniers ? Cela ne nous ramène-t-il même pas directement, comme le fait remarquer M. Dupuich (1), à l'idée de « monnaie courante » énoncée par M. Crépon ?

Quant à la première détermination, à la « cause », la Cour entend certainement dire qu'il faut distinguer les dépenses faites en vue d'assurer la nourriture, l'entretien,

(1) Note au D. 1900. 2. 490, sous Paris, 10 janv. 1900.

l'éducation, l'apprentissage, en faveur desquelles l'art. 852 établit un régime d'exception, des sommes destinées à constituer des libéralités pures, de vrais avantages dépouillant les cohéritiers du gratifié. C'est aussi notre pensée.

Et c'est même le second point sur lequel nous avons l'intention d'insister. Il ne suffit pas qu'un « revenu » ait été constaté, il faut que la dépense soit modique, avons-nous dit; ce n'est pourtant pas encore assez demander, il faut une seconde condition : c'est qu'il n'y ait pas intention de fraude.

C'est un adage bien connu que « *fraus omnia corrumpit* ». C'est dans une matière comme celle-ci qu'il doit trouver surtout son application. Si l'examen des faits établit que les parties, au lieu d'agir dans un but de prévoyance, n'ont songé qu'à éluder, par un moyen commode, les règles de la loi, ont voulu constituer des libéralités qui ne fussent ni réductibles, ni rapportables, alors la « cause » même de la dépense effectuée par le contractant, n'est plus légitime, et l'opération entière doit tourner à la confusion de ceux qui l'avaient entreprise. Ainsi, pour reprendre un exemple formulé par M. Dupuich (1), soit un père dont tous les enfants sont également instruits, valides ou fortunés : s'il contracte une assurance, au profit de l'un d'eux, et en paye les primes dans un pur esprit de préférence, « il n'y aura guère de motif » pour admettre une

(1) Dupuich, V p. 210.

dispense de rapport; selon nous, il n'y en aura point du tout. « Supposons, au contraire, que l'un des frères soit chétif, malingre, faible d'esprit, incapable de subvenir à son existence ; si le père a eu la prévoyance d'assurer l'avenir de celui-là par une police, en consacrant au paiement des primes une somme équivalente à celle qu'absorbe annuellement l'éducation de chacun des autres enfants, qui ne voit que l'équité commande impérieusement ici la dispense du rapport » ?

Nous allons nous placer maintenant à un point de vue un peu différent. Des art. 908 et 762, il ressort que les enfants adultérins ne peuvent recevoir que des aliments de leurs parents. Supposons néanmoins qu'une mère ait contracté, au profit de son fils adultérin, une assurance sur la vie, qui dépasse de beaucoup la limite d'une donation alimentaire. (Nous supposons d'ailleurs, et pour éviter toute controverse, que nous nous trouvons dans un des cas exceptionnels où la qualité d'enfant adultérin est établie légalement, à la suite par exemple d'une action en désaveu de paternité intentée par le mari de la mère). Qu'adviendra-t-il de cette assurance ? On pourrait soutenir que les héritiers de la stipulante pourront attaquer et faire tomber le contrat d'assurance comme entièrement nul. La prohibition des art. 762 et 908 serait d'ordre public ; dans cette hypothèse, la Compagnie d'assurances, ne devant pas exécuter son contrat annulé, serait contrainte de rendre aux intéressés l'ensemble des primes versées par le stipulant.

Nous pensons plutôt, avec une jurisprudence soutenue, qu'il ne faut pas interpréter les art. 762 et 908 dans le le sens de la nullité absolue.

C'est bien moins l'enfant adultérin auquel le législateur a songé pour le frapper d'une peine, que la famille dont il a voulu prendre la protection (1). « Le législateur n'a pu vouloir, dit un arrêt de 1839, que, malgré la tache bien connue de son origine, l'enfant incestueux enlève aux héritiers légitimes des biens sur lesquels la loi n'a voulu lui donner que des aliments ». C'est là le sens de l'art. 908. En sorte que dans toutes les espèces soumises à la jurisprudence, et malgré des hésitations nombreuses sur d'autres points, on s'est toujours accordé à reconnaître que les donations faites contrairement aux articles en question ne devaient point être annulées, dans la limite où elles ne dépassaient pas l'obligation alimentaire. L'annulation n'a lieu que pour le surplus.

Cela posé, nous estimons qu'il faut, en présence d'une stipulation d'assurance sur la vie au profit d'un enfant adultérin ou incestueux, poser en principe que le contrat d'assurance ne peut être annulé. Il en résulte que le capital est, dans tous les cas, acquis définitivement au bénéficiaire. S'il est établi maintenant que les primes payées chaque année dépassent la limite de l'obligation alimentaire, dans ce cas, et sans aucun doute, il faut dire qu'il y a fraude à la loi. Le stipulant a voulu, s'appuyant sur ce fait

(1) Paris, 14 déc. 1835 ; Paris, 22 juin 1839. V° Dalloz. *Rép. alph. Paternité et Filiation*, n° 724.

que le capital assuré est définitivement acquis au bénéficiaire, tourner les dispositions restrictives des art. 908 et 762. Il faudra donc, sans autre examen, décider que le bénéficiaire doit restituer aux héritiers la valeur intégrale des primes versées, et ce, sans aucun égard pour l'état de fortune du stipulant, quand bien même il disposerait de revenus considérables, parce qu'il faut avant tout assurer l'exécution de dispositions formelles de la loi.

Mais il est incontestable que les tentatives de fraude à la loi, par le moyen de l'assurance sur la vie, sont beaucoup plus rares qu'on pourrait l'imaginer. M. Boucher, qui pourtant ne dissimule pas sa crainte de voir, si la jurisprudence actuelle persiste, les lois les plus essentielles de notre régime des successions tournées et bafouées, est obligé de convenir qu'en fait, l'intention des contractants d'assurance est presque toujours parfaitement pure. C'est qu'il existe des moyens beaucoup plus sûrs, plus commodes et moins dispendieux, de tourner la loi ; rien n'est plus simple, quand on veut avantager une personne à qui la loi vous interdit de faire une libéralité, ou simplement ses héritiers ou un tiers quelconque, que de lui faire des donations manuelles dont l'existence est ensuite bien difficile à démontrer.

Les espèces sonnantes, les titres au porteur sont négociables sans qu'il reste aucune trace matérielle de leur passage d'un patrimoine dans un autre, Et des donations de cette espèce seront d'autant plus pratiquées, qu'elles permettent de frauder le fisc, en même temps que la loi civile. Au contraire, l'assurance sur la vie, comme nous avons eu occasion d'en faire la remarque, fait payer au bénéficiaire un impôt proportionnel au capital dont il est gratifié.

Il est bon néanmoins, pour les cas exceptionnels où une intention frauduleuse serait révélée, de maintenir la seconde réserve que nous avons formulée. Le Code Civil de Zurich a cru nécessaire d'en faire l'objet d'un article spécial (l'art. 985) ainsi conçu :

« L'affectation d'une somme à la constitution d'une assurance sur la vie ne peut être attaquée par l'héritier réservataire pour cause d'inofficiosité, que s'il ressort des circonstances que, en prévision de sa mort prochaine, l'assuré a souscrit la police dans le but de soustraire à ses héritiers naturels le montant de la prime qu'il avait à payer ».

Une disposition de ce genre nous paraît inutile dans l'état actuel de notre droit français.

Ce qu'il faut à nos magistrats ce sont bien moins des armes nouvelles, — les textes de notre Code énonçent des principes généraux largement suffisants ! — qu'un esprit toujours plus pénétrant, capable de deviner dans chaque espèce les motifs de détermination, les causes morales ou immorales, licites ou illicites, des contrats.

A tous les égards, nous croyons que la Cour de Cassation a trouvé la note juste : dans cette question délicate, qui consiste à établir quand commence l'appauvrissement d'un donateur, il faut un examen attentif des « circonstances ». Elles seules pourront faire la lumière, et permettre aux magistrats les solutions équitables qui, empêchant les prodigalités, les gaspillages et les dilapidations de patrimoine, mais ne restreignant pas les élans de générosité et de prévoyance, assureront également le respect des droits de famille et des devoirs d'humanité.

TABLE DES MATIÈRES

Le Mans. — Imprimerie de l'Institut de Bibliographie de Paris. — III-1903.

www.ingramcontent.com/pod-product-compliance
Ingram Content Group UK Ltd.
Pitfield, Milton Keynes, MK11 3LW, UK
UKHW020136220726
13923UKWH00001B/206